VIDA
DE
SANTA TERESINHA

Pe. ORLANDO GAMBI, C.Ss.R.

VIDA
DE
SANTA TERESINHA

EDITORA
SANTUÁRIO

Dados Internacionais de Catalogação na Publicação (CIP)
(Câmara Brasileira do Livro, SP, Brasil)

Gambi, Orlando, 1925-2006
    Vida de Santa Teresinha / Orlando Gambi. – Aparecida, SP: Editora Santuário, 1997.

    ISBN 85-7200-475-0

    1. Teresa do Menino Jesus, Santa, 1873-1897 I. Título.

97-2160   CDD-282.092

Índices para catálogo sistemático:

1. Santas: Igreja Católica: Biografia 282.092

18ª impressão

Todos os direitos reservados à **EDITORA SANTUÁRIO** – 2024

Rua Pe. Claro Monteiro, 342 – 12570-045 – Aparecida-SP
Tel.: 12 3104-2000 – Televendas: 0800 0 16 00 04
www.editorasantuario.com.br
vendas@editorasantuario.com.br

Apresentação

Sempre é uma grande alegria prefaciar um livro de pessoas amigas e competentes. O Padre Orlando Gambi é antigo amigo do Carmelo e tem feito um bem imenso com seus livros simples e ricos de conteúdo. Ele possui o dom da simplicidade, sabe transmitir como mestre as coisas difíceis.

O livro de Santa Teresinha, neste centenário de sua morte, era esperado. Não é um livro a mais, que vai tomar mais um espaço nas estantes das bibliotecas. É um livro para ser lido e meditado. Um amigo de caminhada que nos aproxima de maneira íntima e familiar à pessoa tão querida e amada de Santa Teresinha do Menino Jesus. O Padre Gambi propõe-se a apresentar-nos a vida da pequena Teresa, partindo de sua decisão de ser carmelita descalça. Uma decisão fácil para ela ao ser tomada, mas difícil para os outros entenderem que se tratava de uma verdadeira vocação.

Teresa é para nós um modelo de vida em santidade. Ela nos desperta para uma vida comprometida com Cristo e com seu Evangelho. Do silêncio do Carmelo de Lisieux é capaz de atingir os lugares mais distantes, por um jeito novo de ser missionária: "pelo sacrifício e oração". Dois meios tão esquecidos nos nossos dias.

Teresa nos faz compreender a importância do assumir o tempo do apostolado hoje. É verdade que poderão surgir no amanhã impedimentos que não nos permitam uma participação mais concreta no ministério do anúncio, da evangelização direta. Não obstante, sempre poderemos ser e jamais deixaremos de ser apóstolos, sal e fermento dentro da Igreja.

Que o livro do irmão e amigo Padre Orlando Gambi seja para todos um estímulo a reencontrar ou a aumentar o amor pela evangelização.

Teresa, mulher do amanhã e profeta do futuro, nos ajuda a entrar no terceiro milênio com uma espiritualidade sem medo. Oferece-nos a sua ajuda para que sejamos os cantores do amor.

Acredito que a Igreja proclame, neste centenário de sua morte, Santa Teresinha "Doutora da Igreja", para fazer compreender ao mundo que chegou o momento de irmos para Deus pelo caminho do Amor e da Infância espiritual.

Bem-vindo seja este livro do Padre Orlando Gambi. Que através deste livro, à luz do exemplo de Santa Teresinha, possamos amar mais a Jesus. Que do céu ela continue a fazer cair sobre a terra inteira uma chuva de rosas.

Frei Patrício Sciadini, O. C. D.

Já foram publicados muitos livros sobre Santa Teresinha neste ano do Centenário de sua morte. Isto mostra quanto ela é querida e mostra, ao mesmo tempo, quanto é luz a sua vida.

Por querer "ser pequena" é que ela se tornou admirável. Por querer, assim, ser santa é que ela soube sublimar, pelo amor, as coisas mais pequenas. Até uma criança pode andar pelos caminhos que ela andou!

Se alguém perguntasse: que foi que o levou a escrever mais um livro sobre Santa Teresinha? Foi um pensamento. Este: A qualquer pessoa, mesmo depois de já ter recebido braçadas de rosas, fica bem que lhe ofereçam mais uma! Saiba, este pequeno livro é isto: Mais uma rosa que lhe ofereço.

Quero que ele lhe faça bem, e quero que Deus, pela intercessão de Santa Teresinha, nos abençoe e nos conduza, a mim e a você, pelos caminhos do Amor!

Aparecida, fevereiro de 1997

Pe. Orlando Gambi, C.Ss.R.

A DECISÃO

Era Pentecostes, 19 de maio de 1887. Foi neste dia que Teresinha decidiu-se a falar com seu pai sobre sua vocação e vontade de entrar para o Carmelo de Lisieux.

Para a Igreja, celebrar Pentecostes significa celebrar o dia de seu nascimento. Foi a partir deste dia que ela começou a se expandir por todo o mundo.

Nos Atos dos Apóstolos está dito como se deu o acontecimento de Pentecostes (At 2,1-5). A família de Teresinha passou esse dia com muitas orações de adoração e ação de graças. Na missa, que enlevo-lhes foi todo o rico cerimonial da liturgia! Que enlevo os cantos e as preces ao Espírito Santo! Em suas orações havia o fervor da fé de quem aceita e a alegria da esperança de quem ama.

Quanto a Teresinha podemos imaginar como passou este dia de Pentecostes, 19 de maio de 1887. Ela estava para fazer a escolha entre o amor do pai (ela era sua pequena rainha) e o amor de Deus que a chamava. Podemos imaginar com que fervor pediu as luzes ao divino Espírito Santo! Podemos imaginar quanto bem lhe fez manter abertas as janelas de seu coração para que a Luz do alto pudesse iluminá-lo todo! Podemos imaginar quanto lhe custou crer que a renúncia ao amor do pai seria o modo que Deus lhe propunha de amá-lo na terra com um amor maior e mais intenso! Na verdade, para Teresinha foi possível fazer o que para muitos, até hoje, parece ser uma coisa incrível.

É a própria Teresinha que conta, na *"História de uma alma"*, o que aconteceu no final deste dia de Pentecostes. Deixemos que ela fale:

"Falar de minha vocação a meu pai só foi possível à noite. Meu pai, no jardim, contemplava a natureza. O sol se punha. Havia em seu rosto um vislumbre de céu. Eu me senti segura e tinha a certeza de que uma paz imensa inundava seu coração. Sentei-me a seu lado sem dizer nada. Meus olhos choravam. Ao ver as lágrimas ele quis saber o que estava havendo comigo. Depois, como se quisesse esconder seus sentimentos, levanta-se, caminha de cá para lá, por instantes, segurando-me contra o peito. Entre lágrimas, contei-lhe o que se passava. Queria entrar logo para o Carmelo. Ele também chora. Não disse "não". Só me fez lembrar que eu era muito jovem para tomar uma decisão tão séria. Expus-lhe minhas razões, e ele se convenceu. Meu coração estava alegre, e meu pai, enxugando as lágrimas, falava-me como um santo.

Fomos até um pequeno muro de pedra. Mostrou-me algumas pequenas flores brancas. Arrancou uma e a deu para mim, explicando-me com que cuidado Deus a tinha feito florescer e a conservara até aquele dia. Tive a sensação de estar ouvindo a história de minha própria vida. Guardei a flor como uma relíquia. Eu notara que, quando meu pai a arrancou, suas raízes vieram junto sem se arrebentar, como se devessem recomeçar a vida em outro lugar mais fértil. É o que ele fazia comigo deixando-me ser transplantada do vale encantado que fora o cenário de meus primeiros passos para o Monte Carmelo".

Quando a conversa entre Teresinha e o pai terminou, já era noite escura. Na alma dos dois, porém, era luz!

Teresa e suas irmãs com a Madre Maria de Gonzag

DIFICULDADES

Teresinha estava para completar 15 anos. Ninguém podia imaginar que nesta idade ela quisesse e pudesse entrar para o Carmelo. O certo é que ela quis. O consentimento do pai foi-lhe uma grande festa. Um presente do céu. Ninguém neste mundo podia dar-lhe felicidade maior.

Um passarinho livre no espaço. Uma manhã cheia de luz. Uma rosa aberta. Um jardim florido. Um canto harmonioso. Um abraço de ternura. Um beijo carinhoso de mãe. Uma criança brincando. A alegria de um milagre. Tudo isso retratava a felicidade de sua alma.

Com o consentimento do pai, suas férias tiveram um novo sabor. Até outubro ela pôde sonhar e cantar. Correu pelos campos. Fez inúmeros passeios. Foi à praia. Até os problemas que são normais a qualquer jovem nesta época da vida não lhe fizeram sombras. A beleza interior de sua alma tinha maior claridade que os encantos e dons que a mulher tem por natureza.

O tio Isidoro

Um dia Teresinha resolveu contar ao tio Isidoro o seu segredo. Foi ter com ele em seu escritório farmacêutico, em 8 de outubro. O tio ouviu-a. Ao ouvi-la, fez um ar de quem ouve uma loucura. Nem pensou para falar, e lhe falou as coisas mais duras.

— Você está lembrada de que ainda é uma criança?

— O sr. acha que sou criança?

— Sim, criança. A idade que você tem não é idade para a vida no Carmelo.

— Tio, eu sei o que é o Carmelo.

— Mas isso não é o que basta para você entrar.

— Eu sinto que Deus me chama.

— Isso é pura imaginação sua. De mais a mais, pense em seu pai. Ele não está bem. Não faz tempo ele teve uma crise cerebral. Ele precisa de você em casa.

— Eu sei disso. Mas, tio Isidoro, ajude-me!

— Você já pensou nos comentários que toda a cidade irá fazer? Você já tem duas irmãs no Carmelo, Maria e Paulina. Além do mais que é que você irá fazer no meio de Irmãs bem mais idosas que você?

— Já pensei em tudo isso. Tio Isidoro, seja compreensivo! Ajude-me!

— Tire essa ideia da cabeça. Pelo menos agora. Talvez mais tarde você possa pensar nisso. Dê tempo ao tempo. Não se precipite! Não seja sem juízo!

— Tio Isidoro...

— Olhe, só um milagre me fará mudar de opinião. Preciso conversar com seu pai. Se continuar pensando nesse despropósito, fique sabendo que ficarei muito decepcionado com você.

Seguiu-se um tempo de silêncio, para o tio, inquietador, e para Teresinha, doído. Em seguida o tio despediu-a com indisfarçável azedume. Teresinha deixou o escritório do tio com uma imensa tristeza no coração e com a impressão de que nenhuma estrela brilhava mais no céu de sua vida.

Na *"História de uma alma"*, ela conta o que sentiu depois dessa conversa com o tio: "Pela primeira vez senti a aridez interior. Eu me senti só, com a impressão de que Jesus havia me abandonado".

Maria e Paulina

As duas irmãs de Teresinha, Maria e Paulina, já estavam no Carmelo. Ela esteve muitas vezes com elas no locutório do Carmelo para conversar sobre sua vocação.

As duas, mesmo querendo que ela entrasse, discordavam no seguinte: Maria achava que Teresinha devia esperar. Paulina achava que esperar era perda de tempo. Maria não queria que ela entrasse logo, talvez por compaixão. Paulina, por sua vez, só via em Teresinha convicção. Maria opunha-se, talvez por razões que a gente pode compreender. Paulina só compreendia que não pode haver força de razões que segure quem ama.

Cada vez que Teresinha terminava o colóquio com as irmãs no locutório voltava para casa cansada de escutar e de chorar. Voltava para casa mais ou menos atordoada. Mesmo que se esforçasse, e por mais que se esforçasse, não conseguia esconder certa tristeza que lhe vinha das opiniões contrárias das irmãs, uma dizendo "sim", outra dizendo "não". Não obstante, ela continuava sendo ela mesma, isto é, com a mesma firmeza de vontade de entrar logo para o Carmelo.

Uma vez, quando Teresinha, chorando, deixou o locutório, Maria e Paulina puseram-se a trocar ideias sobre o caso.

— Duvido que a vontade de Deus se manifeste desta forma.

— Eu não duvido que a vontade de Deus possa manifestar-se de qualquer forma.

— Acho que isso não é normal.

— Mesmo que não seja normal, é possível.

— Que mal há em esperar?

— Quem ama não se faz esperar. Tem pressa em atender.

— Pode ser que ela queira entrar só para ficar perto de nós.

— Estou certa que ela quer entrar pelo mesmo motivo que nos atraiu, para a mesma missão a que Deus nos chamou e para o mesmo fim a que queremos chegar.

— O que você diz não me convence.

— O Pe. Pichon também está de acordo que ela entre, mesmo sendo tão jovem.

— Creio que ele concorda por ser o seu confessor. Eu não vejo solução para o caso.

— Olhe, vamos rezar. É na oração que se encontra solução para todos os casos, e também para o caso de nossa irmã.

Dentro do claustro o caso de Teresinha também já era conhecido. Todas as Irmãs queriam saber de tudo sempre que Maria e Paulina voltavam do locutório. Choviam perguntas. Entre elas também havia concordância e discordância. A Priora vacilava. Às vezes, sua opinião era "sim". Às vezes, era "não". Estaria sendo influenciada por alguém? Estaria com medo de assumir?

O superior do Carmelo

O superior do Carmelo era o Pe. Delatroette. Ele devia ser informado e consultado. Foi. E foi "não" a sua resposta. E a sua resposta foi mais longe: "Ela só poderá entrar depois de completar 21 anos".

Teresinha afligiu-se, mas não se entregou. Pensou que ele podia mudar de opinião. Por isso encheu-se de coragem e foi pessoalmente falar com ele. Foi em companhia do pai. Pediu, insistiu, chorou. Pe. Delatroette não se deixou comover por nada. Não voltou atrás no que disse. Só não disse que não havia um outro a quem apelar.

Altivo e frio, o superior do Carmelo encerrou a conversa com essas palavras: "Se quiserem, falem com o sr. bispo".

Dom Hugonin

Pai e filha não duvidaram. Foram. A audiência com o sr. bispo de Bayeux, D. Hugonin, ficou marcada para o dia 31 de outubro. Também desta vez o pai vai com ela. Teresinha vestiu-se de branco para a audiência com o sr. bispo. O que lhe teria passado pela cabeça? Dizem que o branco é a cor que contrasta com o amargor que vem de uma decepção.

Com medo de receber mais um "não", Teresinha procurou um jeito de disfarçar a idade. Fez uma coisa que parece ser pura ingenuidade. Arrumou os cabelos bem levantados com a inocente intenção de impressionar. Foi esse o modo que ela achou para levar o sr. bispo a crer que ela não era tão jovem como diziam.

No dia da audiência chovia. Durante o tempo de espera para a audiência os dois foram visitar a catedral. Que linda! Que fervorosas as orações que fizeram!

O vigário geral, Pe. Révérony, veio recebê-los. Seguiram por longos corredores. A suntuosidade do palácio episcopal deixou Teresinha deslumbrada.

O bispo, D. Hugonin, foi muito amável durante todo o tempo da audiência. Deixou Teresinha à vontade. Não fez nenhuma interrupção. Notou as lágrimas que ela derramava enquanto lhe falava. "Quero entrar para o Carmelo." O pai de Teresinha também quis falar. Falou as coisas mais edificantes em favor da filha.

D. Hugonin mostra-se admirado de ver a generosidade do pai. Não esconde seu contentamento e lhe diz, emocionado, palavras de elogio.

Quanto a Teresinha, o coração batia-lhe forte e pareceu querer sair-lhe do peito quando o bispo lhe pergunta:

— Minha filha, qual é mesmo sua idade?

— Quinze anos, excelência.

— Quinze anos! Você não acha ser prudente esperar um pouquinho mais?

— Excelência, a voz que me chama não me fala em espera.

— Você tem certeza disso?

— Excelência, eu sei que Deus não tem pressa, mas ninguém pode atrasar quando ele chama.

— Olhe, eu mesmo não sei dizer se posso atendê-la logo. Eu preciso falar com o Pe. Delatroette.

Ao ouvir pronunciar o nome do Pe. Delatroette, Teresinha viu o mundo de seus sonhos desabar. Ela sabia quem era o Pe. Delatroette. O modo como ele já lhe dissera "não" era de matar qualquer esperança.

Falando, mais tarde, deste acontecimento, Teresinha diz: "Parecia-me que meu futuro estava rompido para sempre. Via que tudo se complicava. Mas, minha alma estava em paz, pois eu procurava só a vontade de Deus".

A audiência com D. Hugonin terminou com Teresinha, de novo, em pranto. O pai não sabia o que dizer nem o que fazer para consolar a filha. A decepção que doía no coração da filha doía também com a mesma intensidade em seu coração.

Ao saírem do palácio episcopal, o pai disse à filha, para tranquilizá-la: "Eu já falei com o sr. bispo. Se for preciso, nós iremos a Roma falar com o Papa".

Com o Papa

O bispo de Coutances, D. Germain, resolveu promover uma peregrinação a Roma. Seria nos meses de novembro e dezembro, saindo de Paris. A peregrinação tinha como primeira finalidade prestar uma homenagem ao papa Leão XIII pelo seu jubileu de ouro sacerdotal. Inscreveram-se 197 pessoas. Entre elas havia 75 padres.

A imprensa italiana e francesa viu nesta peregrinação também uma conotação política. Por isso noticiou-a nos jornais, com destaque, como sendo um protesto dos católicos franceses contra o governo italiano que pretendia espoliar a Igreja de seus bens.

Logo que soube da notícia, o pai de Teresinha inscreveu-se para a viagem. Desta vez levaria, além de Teresinha, sua irmã Celina. Pensava: Será um belo passeio para todos e, além do mais, será uma oportunidade única de Teresinha falar ao Papa sobre a sua vocação e entrada para o Carmelo.

Não faltaram críticas e comentários. A própria Paulina desaconselhou a viagem. Houve até quem dissesse que a intenção do pai de Teresinha era a de fazê-la esquecer o Carmelo.

Teresinha abraçou o pai com loucura quando recebeu a notícia de sua ida a Roma. Queria inventar mil formas de agradecer. Queria que Deus lhe ensinasse a melhor forma de agradecer. No coração dizia a si mesma: Como o papai me ama! Como ele ama o que eu tanto quero! Como ele ama o que Deus quer de mim!

O dia da partida para Roma ficou marcado para 4 de novembro. Nesse dia os três partem de Lisieux para juntar-se ao grupo em Paris. Em Paris ficam dois dias. Foram dois dias cheios de deliciosas novidades. Passam esses dois dias visitando monumentos históricos e vendo os lugares mais bonitos da cidade-luz. Visitam os Campos Elíseos, o Arco do Triunfo, a Bastilha, o Palais-Royal, o museu de Louvre, as lojas do Princtemps com seus elevadores, os Inválidos etc.

Na igreja de N. Sra. das Vitórias Teresinha lembrou-se de confiar mais uma vez à Virgem a sua vocação.

Teresinha e Celina, ao mesmo tempo

que estavam encantadas com todas as belezas que viam, sentiram-se assombradas no meio do vaivém de tantas pessoas apressadas, e meio tontas no meio de todo o barulho de carruagens e bondes que passavam. Teresinha disse à Celina: "Tudo isso, na verdade, encanta, mas não me seduz!"

No dia 8 de novembro a peregrinação embarca para a Itália. A viagem oferece-lhes a visão de cenários deslumbrantes. Puderam ver as altas montanhas suíças, picos nevados, lagos, cascatas, pontes, abismos. Teresinha rodava de cá para lá, feliz de contemplar todas as belezas que Deus fez. "São tantas, e todas elas são de extasiar!"

Na Itália passam por Milão, Veneza, Pádua, Bolonha e Loreto. Em Milão não era possível não ver a catedral. As duas, Teresinha e Celina, sobem os 424 degraus da cúpula. Que encanto! Que coisas maravilhosas o homem pôde construir com a inteligência que Deus lhe deu! Só quanto a Veneza Teresinha fez um reparo. Teve a impressão de ser uma cidade muito triste.

No dia 13 chegam a Roma. A audiência com o Papa seria só no dia 20. Portanto, os peregrinos tinham sete dias para conhecer a cidade.

No Coliseu, Teresinha quis beijar a areia onde morreram os primeiros cristãos, mártires da fé. Aí, de joelhos, ela pede a graça de ser mártir por Jesus. "Eu senti no fundo da alma que minha prece fora atendida."

Teresinha notou que em toda parte havia esta proibição às mulheres: "Não entrem aqui, não entrem ali". Estranhou muito, e achou que esses avisos tinham o sabor de certo menosprezo às mulheres. "Não posso compreender por que as mulheres são tão facilmente excomungadas na Itália!"

Mas, o que mais interessava a Teresinha era o encontro com o Papa. "Este dia, eu o desejava ardentemente e, ao mesmo tempo, temia. Dele dependia a minha vocação."

Chegou o dia 20. Dia do encontro com o Papa. Chovia. Teresinha notara uma coisa em sua vida: em tempo de alegrias, o sol brilhava; em tempo de tristezas, chovia. Parece que isso não era mera coincidência!

Aos diversos grupos de peregrinos foi dito que era terminantemente proibido falar com o Papa. Ninguém podia dirigir-lhe a palavra sem ser solicitado. Cada um devia apenas ajoelhar-se, tomar a bênção e retirar-se logo.

Os fiéis da diocese de D. Hugonin oferecem ao Papa, pelas mãos de seu pastor, uma preciosa peça de renda que custou oito mil horas de trabalho. Depois, cada um, reverente e sem dizer palavra, passa diante do Papa para cumprimentá-lo e receber a sua bênção. Todos seguiram a rigorosa ordem do cerimonial.

Teresinha e Celina estavam juntas. As duas cochichavam. Devia ser alguma trama inocente. Era. Celina dizia a Teresinha:

— Está chegando a nossa vez. Esqueça a proibição, e fale! Não tenha medo! Eu também pedirei por você.

— Será que vai dar certo? O Pe. Révérony está vigiando.

— Ele nem sonha que você vai falar! Fale!

— Meu bom Deus, dai-me coragem!

Chegou o momento mais difícil. Teresinha estava na frente do Papa. Ajoelha-se como os demais e beija-lhe a mão. Depois, sem que ninguém pudesse esperar, diz ela ao Papa: "Santo Padre, tenho de lhe pedir uma grande graça". Disse essas palavras com o modo de quem conta um segredo. Queria que ninguém mais escutasse. Só o Papa.

Mas o Papa não entendeu nada de tudo o que Teresinha lhe disse. Então o Pe. Révérony, confuso e nervoso, aproxima-se e, a seu modo, explica:

— É uma menina que deseja entrar para o Carmelo com 15 anos. Os superiores já estão estudando o caso.

— Minha filha, faça o que os superiores decidirem.

— Ó Santo Padre, se disserdes "sim", todos concordarão.

— Você entrará se Nosso Senhor quiser.

Teresinha quis insistir. Não pôde. Foi impedida e retirada da presença do Santo Padre quase à força pelos guardas e sob o olhar ameaçador do Pe. Révérony.

O pai, que estava à espera no grupo dos homens, não presenciou a cena. Celina, bastante nervosa, ficou sem saber o que dizer ao Papa quando chegou a sua vez. Pediu uma bênção para o Carmelo. Foi só o que pôde dizer, pois o Pe. Révérony logo interferiu bruscamente, dizendo: "O Carmelo já está abençoado".

Chega a vez do pai de Teresinha apresentar-se ao Papa. Ele não estava sabendo de nada. Por isso parecia estar bem e feliz. Temendo que ele dissesse alguma coisa a favor da filha, o Pe. Révérony adiantou-se logo para dizer ao Papa que ele tinha três filhas consagradas à Vida Religiosa. Propositadamente não fez nenhuma menção de ser ele pai de Teresinha.

A partir deste instante Teresinha não viu mais nada, e nada mais lhe interessava. Não viu Celina nem as demais pessoas que se aproximaram do Papa. As lágrimas velaram os seus olhos e a decepção fez seu coração parecer uma roseira desfolhada. Seu primeiro pensamento, após a cena, era o de voltar o mais depressa possível para casa e consolar-se perto das irmãs no Carmelo. Mas a viagem devia continuar.

Depois da audiência com o Papa os peregrinos visitam Pompeia, Nápoles, Assis, Pisa e Gênova. Toda a beleza dessas cidades e tudo o que podia interessar não tinha mais nenhum sentido para Teresinha. Exteriormente ela continuou sendo a mesma, alegre, expansiva, comunicativa, atenciosa; mas, no coração, que tristeza!

Na volta, passando por Nice, o vigário-geral promete apoiar sua ideia. Ninguém sabe se ela acreditou nas palavras do Pe. Révérony. Ela perguntava a si mesma: Por que ele não me deixou explicar tudo ao Papa? Por que falou ao Papa que era uma criança que queria entrar para o Carmelo? Por que atrapalhou em vez de ajudar?

*Teresa com sua mãe.
Desenho de
Celina Martin*

A FAMÍLIA

O pai

O pai de Teresinha, Luís Martin, nasceu em Bordéus, em 22 de agosto de 1823. Foi educado em acampamentos militares que estavam sob as ordens de seu pai. Embora educado num ambiente militar, preferiu a profissão de relojoeiro.

Teve sempre um temperamento tranquilo. Um retrato seu, que Celina pintou a partir de uma fotografia, mostra que era um homem pensativo, idealista e romântico. Gostava de passear. Na juventude mostrou forte tendência para o silêncio e a solidão. Ainda depois de casado, dividia seu tempo entre a oração e o trabalho. Mesmo com a inclinação para a vida no claustro, sempre aparecia nele o desejo de viajar. Andou pela Alemanha, Áustria, Itália, Constantinopla e chegou mesmo a planejar uma viagem à Terra Santa.

Era homem de pormenores e detalhes. Apreciava objetos preciosos como bom joalheiro que fora. Era excessivamente sensível. Chorava com facilidade. As filhas tinham-no como um santo. Não sabiam o que fazer para agradar-lhe sempre e dar-lhe alegrias.

Na juventude tentou ingressar para a vida religiosa. Por algum tempo ficou no mosteiro de S. Bernardo. Mas a experiência não deu certo. Não lhe foi possível continuar por não ter os conhecimentos necessários e por não saber nada do latim.

Depois desse fracasso, Luís tenta uma nova experiência. Por algum tempo vive e trabalha em Paris. Luta para acostumar-se, mas não dá. A vida e o ambiente de agitação da "moderna Babilônia" não lhe fazem bem. Pareciam sufocá-lo. Depois de três anos resolve voltar para casa, em Alençon. Aí mora com os pais no prédio onde tinham a relojoaria.

Homem de fé viva, por nada deixava de ir à missa aos domingos e de frequentar os sacramentos. Ia à missa também em dias de semana. Fazia a adoração noturna. Sempre que podia, participava de romarias e peregrinações a santuários.

Mesmo sendo bastante retraído, era estimado por todos. Sua distração preferida era a pescaria na companhia de jovens do Círculo Católico. A pescaria era sua "distração favorita".

Um jovem trabalhador, religioso e de caráter; um jovem sério, de bons sentimentos, de convicções e atuante; um jovem de boa aparência, simpático, de bela fisionomia, de olhos claros é o que as moças de todos os tempos procuram. Tais e tantos predicados não faltavam ao jovem Luís. As moças de Alençon se encantam por ele. Mas, por incrível que pareça, ele nunca mostrou nenhum interesse por nenhuma delas. Parecia ignorá--las. Foi em vão que muitas lhe fizeram corte.

Tinha um grande amor à natureza. Tudo na natureza o encantava: as flores, os campos, os mares, os rios, as nuvens, as estrelas, o céu. Adorava contemplar todas as coisas bonitas que Deus fez. Às vezes ficava longo tempo, como em êxtase, contemplando uma flor. O que a flor lhe dizia? O que ele via na flor, além da beleza que lhe é natural? Que preces subiam aos céus, de seu coração? Que coração gostaria de ter para amar o Criador de todas as belezas que via?

Com 34 anos Luís ainda era solteiro. Sua mãe não podia esconder a preocupação. Pensava: Por que não se casa? Que será da vida de meu filho? Será que tem algum medo? Será uma decepção que teve? Acho estranho que meu filho não se decida. Eram perguntas e dúvidas que não saíam da cabeça da mãe e a atormentavam.

Foi assim até que, um dia, ela vê uma jovem num curso de técnica do célebre ponto de Alençon. Jovem bonita e prendada. Trabalhava tão bem que seus trabalhos de renda ficaram famosos. Dentro de pouco tempo não havia quem não quisesse, na região, adquirir uma renda feita pelas mãos desta linda jovem.

A mãe de Luís ficou observando a jovem e todo o sucesso de seus trabalhos até que, de repente, veio-lhe este desejo: "Que bom se ela se casasse com meu filho!"

Um ano depois de Teresinha ter entrado para o convento, Luís Martin teve vários ataques que lhe causaram graves perturbações físicas, alucinações e tendências para fugir de casa.

Celina e Leônia fizeram tudo por ele com extremos de ternura, sobretudo quando a paralisia o imobilizou por completo. Teve de ser transferido para uma casa de saúde. Morreu em 29 de julho de 1894. Celina, que estava à sua cabeceira, diz: "Ele tinha o olhar cheio de vida, gratidão, ternura; iluminava-o a chama da inteligência. Num instante eu tornei a encontrar o meu Bem-Amado pai tal como era cinco anos atrás".

A mãe

A mãe de Teresinha, Zélia Guérin, foi o tipo da mulher forte de que fala a Escritura. Enfrentou momentos difíceis em toda a sua vida. As dificuldades não lhe metiam medo. Antes, parece que eram para ela estímulo para fazê-la mais forte e destemida. Antes e depois do casamento nada a desviou do ideal de santidade e de perfeição. Vale a pena ler o que as filhas falam dela em suas cartas. Basta um testemunho de Paulina: "Nossa mãe desprezava todo o mundanismo e não tolerava em casa nada que fosse luxo". "Nossa mãe era de saúde frágil e delicada; no entanto, jejuava e fazia penitência assim como nosso pai." "Nossos pais sempre nos pareceram santos."

Zélia Guérin nasceu em Gandelain em 23 de dezembro de 1831. Seu pai foi um ex-combatente de Wagran e a mãe uma camponesa. Sua infância foi dura e difícil. Pesou-lhe muito ter de viver sob o rigor de uma educação fechada. Em parte era fruto do tempo. Em parte era falha e ignorância da mãe. Sentiu profundamente a falta de compreensão e do carinho materno. Numa carta ao irmão, ela diz que a mãe foi muito severa com ela, e menos com ele. "Não era má, mas não sabia como tratar-me. Por isso sofri muito no coração."

Deus concedeu-lhe muitos dotes, muita inteligência e uma forte personalidade. Escrevia com facilidade e perfeição. Tinha uma disposição fora do comum para o trabalho. A austeridade da mãe levou-a a ser um tanto meticulosa e a espiritualidade do tempo levou-a a ser bastante escrupulosa. Não obstante, nunca lhe faltou o bom-senso. Dedicação, responsabilidade e equilíbrio foram qualidades que marcaram sua vida. "Quero ser santa; sei que isso não vai ser fácil, pois há muito que cavar, e a madeira é dura."

Sempre foi grande sua vontade de ser útil e de servir. Achou que o melhor lugar para isso seria o claustro. Daí lhe veio o desejo de consagrar-se a Deus na vida religiosa como fizera uma irmã sua entrando para as visitandinas. Foi engano seu. Na verdade, o melhor lugar para servir é aquele para o qual Deus chama e determina.

Deus quis que Zélia fosse servir em outro lugar. Por isso a superiora disse-lhe "não", e o "não" que disse foi dado sem razões que pudessem convencer. Ficou decepcionada, mas não revoltada. Aceitou o que Deus dispôs. E os planos de Deus, sempre que aceitos com amor, sempre levam ao que sublima e ao que mais deliciosamente surpreende!

Já que não pôde tornar-se religiosa para cuidar de doentes, pensou em tomar outro caminho. Pensou em casar-se. Quis ter muitos filhos para consagrá-los todos ao serviço de Deus. "Sempre desejei ter muitos filhos para levá-los todos para o céu."

Zélia foi sempre uma mulher de decisões. Mesmo depois de casada continuou sendo, no lar, o elemento-chave, mais forte e decidida para assumir. "Nossa mãe tinha um caráter invulgarmente enérgico e uma tremenda capacidade de renúncia que a fazia esquecer-se sempre de si própria. Trabalhava com grande coragem para poder dar-nos uma educação esmerada."

No século XIX era inconcebível que uma mulher, ainda em casa dos pais, se estabelecesse por própria conta no mundo dos negócios. Zélia montou uma indústria de rendas. Foi tenaz e sagaz. Procurou empregadas, treinou-as, fez modelos, forneceu desenhos, recebeu encomendas, discutiu com fregueses e fornecedores. Todos admiravam seus talentos e suas habilidades. Seus trabalhos em pouco tempo lhe deram fama, e com a fama veio-lhe a prosperidade.

Mesmo depois de casada e com filhos, não abandonou o negócio de rendas. Apesar dos nove partos, das inúmeras doenças das crianças e de todos os afazeres da casa, Zélia cuidava dos negócios com uma eficiência fora do comum. Através das cartas que escreveu pode-se ver o encanto de alma que era a sua. Que notável e impressionante era a harmonia em tudo o que executava! Era uma mulher de coração carinhoso e terno, de uma natureza viva e graciosa, dotada de dons extraordinários de observação, e era, ao mesmo tempo, uma mãe feliz, toda dedicada à família. "Foi tudo ao mesmo tempo, esposa, modelo, mãe, educadora e negociante com vocação de freira."

Não gostava de falar de si mesma. Mostrou-se sempre otimista e, ao mesmo tempo, asceticamente severa para consigo mesma. Durante dezesseis anos escondeu ao marido e às filhas a doença que a levaria à morte. Quando quis tomar providências, em 1864, já era tarde demais. Morreu aos 46 anos.

O casamento

Dois jovens, um dia, encontraram-se numa ponte. Eram Luís e Zélia. Os dois se olharam. Foi depois desse olhar que o coração lhes falou: "Este encontro não é um mero acaso!" De fato, este único encontro fez nascer no coração dos dois um grande amor. Foi este grande amor que os levou, depois de apenas três meses, para o altar; foi este grande amor que os uniu para assumir com alegria, responsabilidade e confiança, o que Deus pudesse querer deles por toda a vida.

De um modo misterioso Zélia viu em Luís o homem ideal para sua vida. Por isso foi ela que teve a iniciativa de propor-lhe casamento. Zélia foi para Luís a mulher que ele jamais sonhara ter. Foi para ele o presente mais valioso que um homem pode desejar neste mundo. Mas Zélia não foi para Luís apenas um presente. Foi mais. Foi uma grande bênção de Deus.

O casamento realizou-se na igreja de Notre Dame no dia 13 de julho de 1858, à meia-noite conforme o costume da época.

Por incrível que pareça, logo após o casamento Luís propõe à Zélia uma coisa estranha: viver a vida de casados no estilo de vida monacal, isto é, como irmão e irmã. Ela, dócil e delicada, e talvez sem se dar conta, aceita. Durante 10 meses os dois vivem esse tipo de vida monacal. Assim foi até que, um dia, um sacerdote disse-lhes que este procedimento não parecia ser do agrado de Deus e os convenceu a viver o casamento dentro da normalidade, isto é, para uma doação no amor e para um amor que lhes desse a bênção de filhos numa família.

Zélia e Luís foram um casal feliz. Casal feliz não é aquele que não tem problemas, nem é aquele que tem solução pronta para qualquer problema. Casal feliz é aquele que em tudo o que acontece na vida procura ver um modo que Deus tem de manifestar o seu amor; é aquele que sabe encarar a vida sem medo; é aquele que sabe criar, um para o outro, ambiente de confiança e de diálogo; é aquele que sabe dar, um ao outro, espaço e tempo de autorrealização e crescimento; é aquele que, mesmo levando em conta as diferenças, não deixa de buscar a alegria do entendimento pela oração e por uma vida de união com Deus. É nesse sentido que Zélia e Luís foram um casal feliz.

As irmãs

Luís e Zélia tiveram 9 filhos: 7 meninas e 2 meninos. Naquele tempo a mortalidade infantil foi um flagelo. Três de seus filhos morrem em tenra idade e uma menina com apenas 5 anos e meio. São eles: Maria Helena, José Maria, João Batista Maria e Maria Melanie Teresa. Quanto às outras filhas, todas entram para o Carmelo. Maria Luísa entra para o Carmelo e toma o nome de Ir. Maria do Sagrado Coração. Morre com 80 anos, em 1940. Maria Paulina, a primeira a entrar para o Carmelo, recebe o nome de Ir. Inês de Jesus. Morre com 91 anos, em 1951. Maria Leônia entra para a Visitação de Caen com o nome de Francisca Teresa. Morre aos 78 anos, em 1941. Maria Celina, entra para o Carmelo com o nome de Ir. Genoveva da Sagrada Face. Morre com 90 anos, em 1959. Maria Francisca Teresa (Teresinha) morre em 1897 com 24 anos.

O NASCIMENTO

Teresinha nasceu em Alençon, no dia 2 de janeiro de 1873. Foi a caçulinha. A mãe esperava ter um menino. "Desejava tanto ter um filho sacerdote!" Mas Deus quis enviar-lhe mais uma Teresa para preencher o vazio que a outra, ao morrer, deixara em seu coração.

O nascimento de Teresinha foi um mimo para todos. As irmãs a cercavam de todo o carinho. Havia uma verdadeira briga entre elas para cuidar dela. Todas a queriam tanto como se a quisessem só para si e para mais ninguém.

Quando Teresinha nasceu a mãe já sofria de um tumor no seio. A doença aos poucos foi tomando proporções. Zélia fez de tudo para curar-se. Chegou até a ir em romaria a Lourdes. Quis e pediu à Virgem o milagre de sua cura. Entretanto, sempre se mostrou disponível e pronta a aceitar a vontade de Deus. Portou-se como quem diz: "Quero o que Deus quer, e amo o que ele dispõe".

Nem por isso Zélia diminuiu suas atividades. Fez de tudo para ocultar as dores da doença, para não causar preocupações a ninguém. Dizia: "Se Nosso Senhor me concedesse a graça de poder amamentar esta criança, só me daria prazer educá-la. Eu sou das que gostam de crianças até a loucura. Nasci para tê-las, mas breve há de chegar o tempo em que isto acabe".

Ama de leite

Aconteceu o que Zélia previa. Ela não pôde amamentar a filha. Então, para não perdê-la, teve de entregá-la a uma ama de leite já conhecida sua, em Semaillé. Chamava-se Rosa. Rosa morava numa casa 8 quilômetros distante da cidade. Já tinha quatro filhos. Aceitou amamentar a criança. Foi o que a salvou. Que bênção foi essa Rosa!

Dentro de um ano, Teresinha já estava em condições de voltar para junto dos pais e das irmãs. Volta no dia 2 de abril de 1874. Acostumou-se tanto com a ama Rosa que lhe foi difícil adaptar-se à vida familiar. É verdade, sim, que a criança percebe quando é amada! Por isso custa-lhe separar-se de quem a ama.

A volta de Teresinha foi uma festa para as irmãs, e todas elas também só lhe faziam festas. Qual é a criança que não gosta de agrados e carinhos? Qual a criança que não se sente bem num ambiente de bondade e de ternura? Nada disso faltou a Teresinha em nenhum lugar. Tudo lhe era dispensado em abundância. A criança foi crescendo forte e sadia. Sua vida foi-se abrindo, bonita, como uma rosa que se faz bonita à luz do sol.

Eis o que a mãe dizia dela em cartas: "Parece ser muito boa. Está sempre a sorrir. Ela é o nosso sol". O pai deu-lhe o nome de "pequena rainha". Adorava o pai. Adorava as irmãs. Tinha uma preferência especial por Paulina. Quando se aborrecia, era junto de Paulina que se recompunha. Adorava brincar no jardim. Adorava a natureza. Gostava de colher morangos, de correr pelos campos, de sair com o pai nas pescarias, de contemplar o céu, de saltitar e de cantar. Era uma festa quando podia ir visitar a ama Rosinha.

Em tempo de festas, principalmente no Natal e Ano Novo e também nos domingos, as alegrias dobravam com a entrega de presentes e guloseimas. Em sua alma de criança não havia um único espaço para a tristeza. Tudo parecia ser um dia cheio de sol!

Não lhe faltavam também as pequenas coisas da vida de toda criança: doenças, manhas e peraltices. O sarampo e repetidos resfriados muito preocuparam a mãe. Uma vez, com apenas dois anos, saiu de casa para ir à igreja de Nossa Senhora, sob a ameaça de chuva. Teria ficado toda molhada se não fosse a empregada Luísa.

Em carta à Paulina a mãe diz: "Ela é muito expansiva. Ri e se diverte o dia todo. Gosta de pregar peças às irmãs". "É uma criança que se emociona facilmente. Às vezes, chora por um nada. Às vezes é de uma teimosia incrível. Quando diz 'não', não há como demovê-la." Outra vez diz: "Celina é muito boazinha, mas a macaquinha às vezes me dá dores de cabeça, preocupa-me. Ela não é tão dócil quanto a Celina".

Criança feliz

Teresinha foi uma criança feliz. Criança feliz não é aquela que tem tudo e a quem os pais fazem todas as vontades. Criança feliz, antes de mais nada, é aquela que é amada. Teresinha teve o privilégio de ter em seus pais um modelo de amor, coisa parecida com o amor do Pai do céu por todos os homens. O amor com que seus pais a cercavam era mais do que ternura, mais do que cuidado, mais do que a natural alegria que os pais sentem em continuar sua vida na vida dos filhos.

É a mãe que diz a Paulina: "Temos o benjamim, a pequena rainha, o diabinho, a pequerrucha, viva e meiga, alegre, cheia de ideias e travessuras, exagerada na afeição e na tristeza. Está sempre a sorrir". Em outra carta, diz: "É loira e tem um coração de ouro. É mais esperta do que vocês quando tinham a mesma idade. Parece que vai ser muito boazinha".

O pai tratava-a de "pequena rainha". Não via jeito de negar-lhe o que pedia. Ele era para ela o seu "rei".

Eis com que termos as irmãs também falam dela: "É muito pensativa, precocemente inteligente, muito atenta para com o pai, expansiva e excepcionalmente comunicativa".

Na *"História de uma alma"*, Teresinha diz que a mãe se esquecera de nomear um de seus defeitos, o maior, segundo ela: "Longe estava eu de ser uma criança sem defeitos. Meu maior defeito era o amor-próprio". E conta: "Certa vez minha mãe propôs dar-me um dinheiro se eu beijasse o chão. Preferi não ganhar o dinheiro a ter de beijar o chão!" "Outra vez quis usar um vestido de mangas curtas. Achei que assim ficaria mais bonita. Não me deixaram vesti-lo. Fiquei aborrecida." "Um dia o pai pediu-me que fosse dar-lhe um beijinho, e eu lhe disse: venha buscá-lo se quiser!" São coisinhas. Mas se não houver quem cuide com orientações e prudente sabedoria tudo dá num desastre!

Ela diz que nunca precisou ser "compreensiva" com seus pais. A respeito do pai diz que ele "nunca lhes disse uma palavra cruel". Da mãe diz que "não havia em seus modos nada de rispidez e brutalidade. Até seu jeito de corrigir era amor! Deus a fez ser para nós um anjo. Nunca sentimos perto dela nenhum momento de tensão e de medo. Parecia-nos que tudo nela era bondade e ternura".

A severidade monástica do pai e da mãe para consigo mesmos nunca foi opressão e obscuridade para nenhuma das filhas. Antes só serviu para protegê-las contra o espírito mau do mundo. Parece que se regiam por este princípio: Nada da brutalidade que espanta. Tudo da bondade que encanta.

Embora os pais e as irmãs a amassem muito, não deixavam de corrigi-la quando cometia uma falta. Agiam com o cuidado de um jardineiro que não deixa crescer mato perto da roseira. Arranca-o fora sem ferir o tronco. A roseira é para dar muitas rosas, e todas belas!

Havia até graça no jeito de ela se portar quando chamada a atenção por uma falta qualquer. Eis o que diz a mãe: "É tão encantador vê-la correr atrás de mim e confessar as suas faltas, como: empurrei a Celina, dei um tapinha nela, fiz que ela chorasse. Prometo que não faço mais". Uma vez fez um pequeno estrago no papel da parede. Disse a Maria: "Vá, conte ao papai que fui eu". Depois, assenta-se numa posição de ré, à espera da punição. Cria que se confessando seria perdoada mais depressa. Costumava perguntar a Paulina na hora de se deitar: "Hoje eu fui boa? Deus está contente comigo?"

Ser boa no mundo de Teresa significava fazer a vontade de papai e de mamãe.

Teresa foi uma criança modelo? Não, no sentido de não ter tido dificuldades. Sim, no sentido de não ter causado dificuldades. Como todos os mortais ela teve de lutar para ser dócil, obediente, vencer a teimosia, vencer os medos, os caprichos e as manhas da vontade própria. A bondade que foi sua qualidade especial custou-lhe muito. Nada lhe caiu do céu como presente de Natal. Tudo o que admiramos nela foi aprendido. Foi resposta de amor ao amor. Ela confessa: "Deus deu-me a graça da inteligência e de uma ótima memória. Assim pude compreender tudo o que se passava ao meu redor desde os três anos de idade".

Já aos dois anos ensinaram-lhe palavras de oração. A primeira palavra que aprendeu foi "céu". Não era capaz de dormir sem rezar. Chorava quando não a levavam para as Vésperas à tarde, que ela chamava "sua missa". Era interessante vê-la fazendo perguntas sobre Deus, os anjos, imagens e coisas da Igreja. Rezava diante da imagem de Nossa Senhora. É ela que diz: "Só com bons exemplos ao redor de mim é que pude ser assim. Ensinaram-me a amar a bondade".

Para corrigi-la não era preciso gritar. Bastava dizer-lhe: "Isto não está bem. Ofende o Pai do céu".

Morte da mãe

Zélia Guérin não queria morrer. Estava com apenas 46 anos. Achava que havia ainda muita coisa a ser feita a bem da família. Seu amor ao esposo e às filhas era grande demais para deixá-los assim tão cedo. É provável que tenha pensado assim em seu coração: "Todos precisam de mim. Por isso preciso viver". Para quem ama, o sentido de viver é servir. Não seria este o caso de Zélia?

Sua saúde há tempo vinha sendo minada pela doença. Certamente foi com a intenção de não perturbar ninguém que preferiu silenciar. Durante dezesseis anos não falou nada sobre o mal que a minava. Não falou nada das dores que sentia no corpo nem do quanto sofria interiormente no coração. Quando quis reagir já era tarde demais. Era câncer no seio. Ela resistiu quanto pôde. Em vão recorreu a todos os recursos humanos. Chegou a ir a Lourdes para pedir à Virgem a graça da cura. O milagre não aconteceu. Se o milagre da cura não aconteceu, aconteceu o que é mais do que um milagre: a graça de morrer com a bênção dos sacramentos e com a alegria da paz dos que morrem no Senhor.

Quem aceita com amor o que Deus dispõe mostra que a dor da separação neste mundo não é uma tragédia. É isto que aparece numa carta que Zélia escreveu poucos dias antes de sua morte, em 16 de agosto. "Se a Mãe de Deus não me curou é porque chegou a minha hora e Deus quer que eu repouse fora desta terra."

Era o dia 28 de agosto de 1877. Teresinha estava apenas com quatro anos e meio. Ouvira falar muitas vezes que a morte era a porta para o céu e para o Menino Jesus. Ficou com essa ideia até que se viu diante da realidade. Quando o pai a levou para o beijo de despedida na mãe, só Deus sabe o que se passou em seu coração de criança. "Acho que não chorei muito nem disse a ninguém o que me ia por dentro. Fiquei perto do caixão por muito tempo em profundos pensamentos. Como me pareceu triste!"

Com a morte da mãe muita coisa mudou na vida de todos, do pai e das filhas. O lar ficou como uma roseira quando lhe tiram a rosa mais bonita; ficou como um lugar onde a luz que se apaga não é apenas uma chama; ficou como um coração onde a tristeza, além de ser uma dor, é um vazio imenso.

Em Lisieux

Com a morte da esposa, Luís sentiu-se envelhecer. A conselho de parentes, resolveu mudar-se de Alençon. Foi morar em Lisieux. Lisieux era uma cidade com mais ou menos dezesseis mil habitantes. Construções de estilo medieval e ruas estreitas. Era conhecida por sua indústria de têxteis, linho, curtumes, destilarias e produtos do campo.

Aí Luís adquiriu uma casa de campo na encosta de uma colina, os Buissonnets. Uma casa bonita, espaçosa, com vistas para a cidade e com um jardim que a rodeava toda.

Aos poucos tudo foi-se normalizando. Maria e Paulina logo assumiram a direção da casa e os cuidados das menores. Ouvindo alguém que dizia: "Que pena, elas estão sem a mãe", Celina escolhe Maria por mãe. Teresinha, por sua vez, atira-se nos braços de Paulina, e lhe diz: "Você será minha mãezinha".

A saudade que ficara com os Martin, por mais sentida que pudesse ser, nunca se transformou em desalento. Por isso a vida pôde voltar ao ritmo normal de ser encanto e felicidade para todos.

Luís continuou com sua vida de piedade. Ia sempre à igreja. Não perdeu seu gosto pela pescaria. Sempre que podia, fazia seus passeios. Quem não o deixava nunca era a sua "pequena rainha". Parece que tinha medo de perdê-lo por um só instante que fosse. Parece que ela queria ser a sua sombra.

Teresinha não gostava de bonecas, embora estas não lhe faltassem. Gostava de montar altares, de brincar no jardim, de aprender nomes de plantas, de colher ramos e flores, de pôr minhocas nos anzóis, de sentar-se na relva e de olhar o céu. Uma noite, olhando as estrelas e decifrando com o pai a letra "T" no cinturão do Órion, achou que seu nome estava escrito no céu. E vibrou com esta "descoberta".

Paulina procurou educar Teresinha nos moldes da mãe. Nesta época, como no lar de Teresinha, não se falava em "direitos da criança". Nem era preciso falar. Ela era amada com todas as formas de amar. Às vezes lhe diziam "não". Muitos até hoje não entendem que dizer "não" é também uma forma de amar!

Junto da irmã, Teresinha aprendeu um pouco de leitura e de escrita. Tinha um interesse fora do comum pela leitura da vida dos santos, pela História Sagrada e pelas explicações sobre fé e religião. Aprendeu o sentido do sacrifício e das mortificações. Aprendeu o sentido do amor. Aprendeu que é o amor que faz os santos. Aprendeu que o amor que faz os santos é o amor de Cristo.

Com sete anos foi pela primeira vez à

praia. Uma dia, quando o sol se punha, Paulina, brincando, disse-lhe que todo o esplendor de sua luz era o caminho do céu. Não é de estranhar que, pela formação religiosa que recebia, passasse pela sua mente de criança este pensamento: "Se o caminho do céu é assim tão lindo, o estar lá deve ser inimaginável!"

É admirável a habilidade pedagógica de Paulina ao fazer compreensíveis à criança as verdades da fé. Nenhuma pergunta ficava sem resposta. Um dia Teresinha teve dúvidas sobre a justiça divina, e perguntou: "Seria a glória no céu justamente distribuída?" É ela quem fala na *"História de uma alma"*: "Tu mandaste pegar um dos grandes copos do pai e fizeste-me pôr ao lado o meu pequeno dedal. Encheste-os de água e perguntaste qual deles estava mais cheio. Eu tive de admitir que os dois estavam igualmente cheios porque não cabia mais água em nenhum deles. Daí compreendi que no céu o pequeno não tem motivos para invejar o maior".

Em Lisieux, Teresinha encontrou tudo o que faz bem a uma criança de sua idade. Muito carinho da parte dos tios e a companhia de ótimas coleguinhas, as primas. Em sua nova casa tudo era diferente, melhor do que em Alençon. Tinha mais espaço para a satisfação de todos os seus gostos.

Mas, onde estava a mãe? Por incrível

que pareça, ninguém sentia mais do que Teresinha a falta da mãe. Depois da morte da mãe, ela se tornou uma criança hipersensível, "nervosa".

Uma criança normal e sadia experimenta terrores, vexames e aflições desde a rotina de ir à escola até a perda de membros da família. Mas ela logo os esquece. Em Teresinha a morte da mãe deixou marcas profundas. Custou passar esse tempo de amarguras.

As irmãs faziam de tudo para suprir-lhe a falta da mãe. Um dia ela teve uma visão na qual o pai aparecia com o rosto velado e curvado como um coitado. As irmãs lhe disseram que não desse importância ao caso. Que esquecesse. Ela conta: "Vocês me disseram para não pensar mais nisso, mas como seria possível não pensar?"

Muitas vezes devia ficar sozinha. As irmãs já frequentavam a abadia das Beneditinas. Internas ou semi-internas. A companhia só de adultos não era remédio para a solidão que a invadira. É ela quem diz: "Após a morte de mamãe, meu jeito de ser feliz mudou completamente. Tornei-me tímida, excessivamente sensível. Um olhar bastava para me fazer chorar. Não podia mais tolerar a companhia de pessoas estranhas. Só podia ser feliz na intimidade de minha família".

Às vezes vinha-lhe uma bronquite, começo do mal que a levaria à morte.

Teresinha com três anos e meio de idade

O COLÉGIO

Teresinha entrou para o colégio das beneditinas com oito anos e meio. Cada dia fazia a pé, com a irmã Celina e as primas, Joana e Maria, o trajeto de mais ou menos dois quilômetros. Na volta, quando não era o pai, era o tio que as buscava.

As lições que recebeu de Maria e Paulina, em casa, foram-lhe de muito proveito. Ela pôde entrar para uma classe superior frequentada por meninas de mais idade. Em pouco tempo superou todas em tudo. Todo o seu jeito de ser chamou logo a atenção das professoras. Passou a ser admirada e estimada.

Toda criança quando vai à escola, no começo, estranha muito. Os primeiros dias são horríveis. Tudo lhe é estranho: o ambiente, a companhia, os modos de brincar, as expressões, a gritaria, as diversões etc. Depois tudo passa e ela adapta-se sem maiores incidentes. Em geral todo o mundo sente saudades de seu tempo de escola.

Com Teresinha não foi assim. Ela não conhecia nada da maldade do mundo. O mundo das alunas no colégio era diferente do mundo de sua família. Tão diferente que para ela todo o tempo que passou no colégio foi um martírio. Falando dos cinco anos que passou no colégio ela diz que esses anos foram o tempo mais triste de sua vida. "Sem a presença de Celina eu teria ficado doente dentro de pouco tempo."

Que é que se pode esperar de um grupo de meninas de 10 a 13 anos? Briguinhas, ciúmes, inveja, comentários, intrigas, caçoadas, antipatias, fofocas etc. As alunas mais idosas não podiam ver com bons olhos a estima que as professoras dedicavam a Teresinha nem ouvir os elogios que recebia. A inveja as impediu de ver que Teresinha era um anjo que Deus pusera perto delas.

Teresinha sofreu com os maus-tratos das colegas, mas não mudou em nada seu modo de ser. Amava ser boa para todas as colegas. Algumas alunas descobriram isso e assim, com elas, pôde escolher os brinquedos de sua preferência.

Nem parecia ter a idade que tinha para não revidar os maus-tratos. É que o que ela aprendeu em casa junto do pai e das irmãs não foi só educação. Foi mais que isso. Foi delicadeza, bondade, compreensão e amor. A graça já agia em seu coração de criança, e em seu coração de criança o amor já tinha feição de adulto!

Bom mesmo era quando ela voltava para casa. Então, "meu coração se expandia". Os domingos e as quintas-feiras passaram a ser os dias mais importantes deste tempo. Passava-os do modo como lhe aprazia: fazia altares, brincava de anacoreta nos fundos do jardim; inventava momentos de oração e de silêncio. É deste tempo a confissão que fez a Paulina de desejar partir um dia com ela para um deserto longínquo.

Como Teresinha não sabia brincar como as outras crianças, as reuniões de família na casa de suas primas, dos Guérin, nem sempre eram de seu agrado. Sentia fastio.

Tinha paixão pela leitura. Leu muitos livros. O livro de Joana d'Arc foi a inspiração para o sonho que teve de "tornar-se grande santa".

Vai-se a Paulina

A entrada de Paulina para o Carmelo de Lisieux ficou sendo um segredo para Teresinha até o instante em que tudo ficou acertado com Madre Maria de Gonzaga, a priora. Na verdade, ela ficou sabendo por acaso no verão de 1882. Sua tristeza foi duas vezes grande. Primeiro porque lhe fizeram segredo. Segundo porque iria perder a "mãezinha" para sempre. "Foi como se uma espada tivesse sido enterrada em meu coração. Eu não sabia o que era o Carmelo, mas compreendia que Paulina ia abandonar-me e que eu ia perder a minha segunda mãe."

Como não chorar? Como não serem muitas e muito amargas as lágrimas? Como não dizer quanto doía no coração? Como achar normal a dor desta separação? Paulina tentou explicar à irmã o que era o Carmelo.

Treze anos depois Teresa conta o que se passou em seu coração depois de ouvir Paulina. Diz coisas que podem parecer incríveis: "Eu senti que o Carmelo era o deserto onde Nosso Senhor queria que me escondesse. Eu queria entrar para o Carmelo não por causa de Paulina, mas unicamente por causa de Jesus. Pensei muitas coisas e senti uma intensa paz invadir a minha alma".

Muitas lágrimas correram no dia da despedida, naquele dia 2 de outubro de 1882. Todos foram à missa. O povo assustou-se vendo todo o mundo em pranto.

Pouco depois Teresa teve de voltar às aulas. Num dia da semana, nas quintas-feiras, os Martin e Guérin podiam visitar Paulina. Essas visitas, em vez de ser consolo, eram um martírio para Teresinha.

A perda de Paulina despertou nela o choque da morte da mãe. De repente a menina começou a sentir fortes dores de cabeça.

Até seu caráter mudou muito. Torna-se ríspida e agressiva. Não obedece às ordens de Maria. As discussões e gritos com Celina se fazem ouvir por toda a casa. Que espanto o de todos!

Nas férias da Páscoa Luís resolveu passar a Semana Santa em Paris com Maria e Leônia. Teresinha e Celina ficaram com os tios. Foi nesse tempo de ausência do pai que apareceu uma doença misteriosa em Teresinha. Ela começou a sentir fortes tremores por todo o corpo, agitações, a ter calafrios, a ter visões e a ver figuras horríveis em toda parte.

Chamaram o médico. O pai teve de voltar de Paris às pressas. Seu caso foi diagnosticado como um "caso muito grave". Ela conta: "A doença tornou-se tão grave que, segundo os cálculos humanos, não havia esperança de cura".

Não obstante o estado em que se achava, tão mal, Teresinha insistia em estar presente à tomada de hábito de Paulina, marcada para o dia 6 de abril.

Dê uma explicação quem quiser, mas o certo é que precisamente no dia 6 de abril Teresinha, "curada", pôde estar presente com toda a família à festa de Paulina.

A recaída aconteceu já no dia seguinte. Seu estado piorou. Chegaram a pensar que era o fim. Todo o Carmelo, parentes e amigos redobraram as orações. Queriam um milagre.

O sorriso da Virgem

Uma dia Maria, Leônia e Celina ajoelharam-se aos pés da cama de Teresinha e, confiantes, rezaram voltadas para a estátua de N. Sra. das Vitórias. A pobre Teresinha também se voltara para sua Mãe do céu e implorou que tivesse pena dela... "De repente a Virgem pareceu-me linda. Mas o que mais me encantou foi o seu sorriso. Então todos os meus pesares desapareceram, e uma alegria intensa inundou-me o coração. Prometi não contar nada a ninguém para não diminuir em nada a minha felicidade."

A partir deste momento Teresinha melhorou. Sua volta à normalidade foi completa. Contudo, por ordem médica, todos procuravam dispensar-lhe os maiores cuidados, evitando, sobretudo, despertar-lhe qualquer emoção e contrariedade.

Doze anos mais tarde Teresinha dá uma interpretação da doença, dizendo: "Ela provinha, na certa, do demônio furioso com a entrada de Paulina no Carmelo. Ele quis vingar-se em mim do dano que nossa família lhe causaria no futuro". É ela mesma que diz ainda: "Minha alma estava longe da maturidade".

Depois de curada Teresinha cometeu uma falta que lhe trouxe sérios problemas de escrúpulos. Ela contou para Maria, sua irmã, o segredo do sorriso da Virgem. Foi um desastre. Por Maria todas as monjas do Carmelo ficaram sabendo. E, por certo, o segredo não ficou dentro do Carmelo!

As Irmãs queriam saber tudo: como foi a aparição; como era a Virgem; se foi como em Lourdes; que é que disse; estava cercada de luz e de anjos? Que dizer, meu Deus?

Além do fato de ter revelado o segredo (coisa que havia prometido não contar a ninguém), veio-lhe uma dúvida: Não teria mentido, fingido e exagerado no caso da estranha doença que a acometera? Por mais que Maria e seu confessor a tranquilizassem, o sofrimento durou por cinco anos. "Ah! só no céu é que poderei dizer quanto sofri!"

Acharam que sair de Lisieux por um tempo lhe faria bem. Por isso Teresinha foi para Alençon antes de voltar para o colégio. Aí ela deu largas a todos os desejos. Encontrou os amigos do pai, andou pelos campos, andou a cavalo em trajes de amazona, visitou a ama, a Rosinha, em Semaillé, brincou, cantou. Numa palavra, encheu-se de sol. Por toda parte diziam dela: "Tínhamos visto partir um nenê, agora vemos uma linda mocinha!" Com 10 anos e meio, cabelos longos, louros, olhos verde-azulados, ninguém ficava indiferente diante de tanta beleza. "Tudo era festa ao redor de mim. Eu era mimada, cortejada e admirada." É desse tempo também que ela fala: "Aos dez anos o coração deixa-se fascinar facilmente". E também: "Talvez Jesus tenha querido mostrar-me o mundo antes da primeira visita (1ª eucaristia) que ele queria fazer-me, para que eu escolhesse mais *livremente* a vida que devia prometer-lhe a seguir".

Primeira Eucaristia

Teresinha fala de sua primeira eucaristia no dia 8 de maio de 1884. Ela diz: "Foi o primeiro beijo de Jesus à minha alma". Ela teve para esse dia uma preparação mais do que esmerada. Em casa, na escola e no Carmelo. O Pe. Domin, admirado, chegou a chamá-la o "seu doutorzinho". Pois é, esse "doutorzinho" não concordava com os ensinamentos do padre quando dizia que as crianças que morriam sem batismo não podiam entrar no céu. Os assuntos inferno, morte, juízo final, comunhão sacrílega, do modo como eram apresentados, só lhe causaram pavor.

Respondendo a mil cartas que Paulina lhe escrevera nesse tempo, ela diz: "Todos os dias me esforço por fazer o maior número de sacrifícios que posso, e faço o possível para não deixar escapar ocasião alguma".

De 1º de março a 7 de maio ela fez a média de vinte e oito sacrifícios por dia. Ninguém precisa acreditar. Quais teriam sido esses sacrifícios? Quem quiser saber mesmo, peça ao Pai do céu que lhe mostre o livro da vida!

O dia da primeira eucaristia de Teresinha coincidiu com a profissão de Paulina, 8 de maio. Eis o que ela diz desse dia: "Jesus, eu vos amo e me entrego a vós para sempre! Neste dia já não era um olhar. Era uma fusão. Teresa desaparecera como gota-d'água no oceano. Agora só Jesus permanecia. Ele era o senhor. O Rei".

A partir do dia da primeira eucaristia Teresinha queria mais. Queria aprender a meditar, "a pensar em Nosso Senhor, na vida, na eternidade". Com isso ela não tirou os pés do chão. Continuou a apreciar as festas e as coisas bonitas da vida e, sobretudo, todas as vidas!

Só na festa da Ascensão do Senhor é que ela pôde comungar uma segunda vez. Era costume da época obter permissão do confessor para comungar mais vezes. A segunda comunhão de Teresinha teve o mesmo gosto da primeira. Foi "de inefável doçura".

Três semanas depois D. Hugonin administra-lhe o sacramento da Crisma. Ela sabia: É o sacramento do Amor! O Espírito Santo lhe deu "a força de sofrer".

Já mocinha vieram os escrúpulos. Escrúpulo é isso: achar que tudo é pecado; é ver o pecado em tudo; é pensar que um tempo de escuridão é a cegueira; é pensar mais no castigo do que no amor; é confiar com medo de amar; é amar sem confiar. É horrível a provação dos escrúpulos!

No que tocava à castidade, Maria a orientava e o confessor a tranquilizava. Durante um ano e meio Teresinha andou por esses caminhos de cruz. "É impossível dizer quanto sofri."

Por causa de doenças Teresinha não pôde terminar os estudos no colégio. Passou a receber aulas particulares na casa de Papinau, uma senhora de 50 anos, solteirona, boa pessoa, instruída, mas meio chata. Sua casa era lugar de mexericos e futricos. Teresinha portou-se como alguém que não se interessa por veleidades, mas sem farisaísmo e sem condenar. Era com um sentimento natural de vaidade que ouviu muitas vezes o que perguntavam dela: "Quem é essa moça tão bonita? Que lindos os seus cabelos!"

Agora é Maria que vai

Teresinha estava ainda muito fraca afetivamente. Precisava de alguém que caminhasse junto dela. Maria foi seu ponto de apoio depois de Paulina. Foi seu raio de luz nos momentos de indecisões. Suas palavras de orientação eram terra firme. Era o anjo bom que então Teresinha tinha à frente de seus caminhos, para mostrar-lhe o rumo certo e remover pedras que poderiam machucar-lhe os pés. Para cada ferida que se abria, Maria, sempre presente, era o bálsamo que curava. De fato, que bendita é a família onde se ensina o amor, e onde todos aprendem a amar!

Quem é que pode entender os desígnios de Deus? Às vezes o que ele pede é alegria. Às vezes, é uma dor. Às vezes a dor que ele pede é imensa. Às vezes, a dor que vem fere o corpo. Às vezes, fere o coração. O que todo o mundo deve entender é que tudo é graça!

Deus não pede o impossível de ninguém. Apenas costuma pedir mais de quem mais ama. Teresinha chegou a dizer loucuras para provar o quanto desejava amar a Deus.

A cada um de nós Deus pode fazer este desafio: Quero ver se me amas nas alegrias, para agradecer. Quero ver se me amas na dor, para confiar!

Pois é, Deus quis Maria para si no Carmelo. Para Teresinha Deus, levando-lhe Maria, pedia o incrível. Que fazer agora? Para onde ir? Onde ficar?

Com a perda de Maria muitos chegaram a pensar que a confusão e os males do passado voltariam a torturar a alma de Teresinha. Outros até, inclusive parentes, chegaram a dizer dela coisas que nunca foram ditas: que era uma moça fraca de caráter, pequena ignorante que não sabia se conduzir, e incapaz.

Teresinha pôde notar o estado de lástima em que ficou o pai. Ele, por sua vez, não pôde disfarçar o seu pesar. Era mais uma parte de sua vida que se ia. Era mais um vazio que ficava em seu coração. Era mais um pedaço de céu que ele perdia na terra.

Era o dia da festa da grande Santa Teresa de Ávila quando Maria se despediu de todos para entrar definitivamente no Carmelo, 15 de outubro. Mas, antes, some-se a isso o que se pode chamar de cúmulo de infelicidade. No dia 7 deste mesmo mês, Leônia surpreende a todos dizendo que ia entrar para o convento das Clarissas. Disse que já havia obtido permissão do pai e da abadessa. E foi.

Foi mais um período dificílimo na vida de Teresinha. Agora só restavam para ficar com o pai, já adoentado, ela e Celina. Ela pensou: tenho meus irmãozinhos no céu. Vou pedir a eles que me ajudem. Pediu e recebeu. Veio-lhe a paz, sim. Mas a paz que veio não apagou de todo as marcas de sua excessiva sensibilidade. Chorava por qualquer motivo, e, quando não havia motivo — diz ela —, "chorava por ter chorado".

Como entrar assim para o Carmelo? E perguntava a si mesma: "Será que poderei viver 'virilmente' no Carmelo como a grande Santa Teresa nos pede? Espero que aconteça um milagre".

A conversão

Vinte e cinco de dezembro de 1886. É Natal. Neste dia o mundo ficou sabendo da conversão de um jovem ateu na igreja de Notre Dame de Paris. Era Paul Claudel. Nesse mesmo dia aconteceu o "primeiro Natal cristão" do visconde Charles de Foucauld a caminho de sua conversão definitiva.

É esse Natal também, de 1886, que Teresinha chama dia de sua "conversão".

Claudel e Foucauld converteram-se para começar. Teresinha "converteu-se" para ir até ao fim. Os dois, Claudel e Foucauld, convertendo-se, descobriram que Cristo é o caminho. Teresinha, "convertendo-se", descobriu que o melhor caminho é fazer-se pequeno. Caminhar significa ir ao encontro de quem amamos. Fazer-se pequeno significa ser amor para todos.

Celina costumava dizer a Teresinha que ela era "um bebê". Esse bebê é que Teresinha queria deixar de ser. Deixar de ser chorona, de fazer lamúrias, de sentir isso e mais aquilo etc.

Já com quatorze anos de idade, Teresinha ainda contava com presentes de Natal. Foi nesse dia de Natal que ouviu o pai dizendo a Celina: "Espero que seja a última vez". Celina pensou que o Natal de Teresinha estava estragado. Errou. A partir deste instante, a Teresinha que estava diante dela não era mais a Teresinha "bebê". Era outra, bem outra. Eis o que ela escreve desta época: "A obra que eu não pudera realizar em dez anos, Jesus a efetuou num instante". Ela chama esse tempo o "mais belo de sua vida". Recuperara a força de alma que perdera com a morte da mãe, e havia de conservá-la para sempre. "A partir desta noite de luz (havia comungado) marchei de vitória em vitória, e iniciei uma corrida de gigante." É ainda ela que fala deste tempo: "Jesus transformou-me de tal modo que eu mesma não me reconhecia mais".

É o milagre que eu pedi. É um milagre o que aconteceu!

A outra Teresa

A dois de janeiro de 1887 Teresinha completou seus quatorze anos. Cresceu. Tornou-se mocinha. Linda. Com um jeito encantador. Ela era a mais alta de todas as irmãs. Media 1,62m. Desenvolveu-se em todos os planos: física, afetiva e intelectualmente. Ninguém, menos Celina, tinha ainda notado a súbita mudança que houve em Teresinha. Em toda a sua vida. Nem as irmãs do Carmelo.

Foi nesse tempo que Teresinha sentiu uma fome incontida de ler. Leu o que lhe caiu nas mãos. Leu os livros dos grandes mestres da espiritualidade. Leu os diálogos de Sto. Agostinho e Mônica. *A Imitação de Cristo* passou a ser seu livro de cabeceira. Ela e Celina caminhavam juntas na busca da perfeição. Ela fala: "Nós possuíamos, juntas, o lado mais suave da vida que as moças sonham ter. Nossa vida era o que pode ser o ideal da felicidade".

Quanto ao seu desenvolvimento físico ela diz: "Eu estava na idade mais perigosa na vida de todas as moças". Daí se pode concluir que também nela havia um ardente desejo de amar e de ser amada. Que desejo tão natural! Que desejo tão humano! Que desejo tão de Deus!

Quem não tem desejo de amar não entende a vida. Quem não tem desejo de ser amado entende a vida como se ela fosse apenas uma coisa qualquer. Nem se pode entender que haja alguém que não queira amar e ser amado!

Há diversos modos de amar. O pior é amar egoisticamente. Há diversos modos de querer ser amado. O melhor é merecê-lo. Fonte de todo o amor é Deus. Todo o amor é vida que se começa em Deus, a ele conduz e nele termina.

Pena que muitos entendam o amor apenas como prazer! Pena que o prazer de amar em muitos dure tão pouco! Pena que o amor com que muitos amam seja apenas instinto! Pena que o instinto de amar em muitos não vá além do que os olhos veem e os sentidos percebem!

Teresinha aprendeu o amor. Aprendeu também quais e quantas são as suas dimensões. Ela não fez nada nem lhe ensinaram nada para reprimir o desejo de amar e de ser amada. Em vez de reprimi-lo, ela o sublimou.

Certamente a forma que ela escolheu de amar não foi a única nem a melhor. E não é. Ela apenas aceitou o que Deus lhe propôs: oferecer aos irmãos do mundo inteiro, na radicalidade da consagração, tudo o que de melhor podia haver em sua pequenez. Toda a afeição de seu coração era para ser de todos. Seu amor se transformou em sede de salvar almas. "A caridade entrou no meu coração."

Sede de almas

Por que Teresinha queria entrar para o Carmelo? Em que e a quem ela poderia ser útil lá dentro? Por que aventurar-se a uma vida de renúncias e de privações? Desde pequena gozou de todo o conforto. Que agrado deixaram de lhe fazer? Que é que fizeram que, para ela, não pudesse ser um bem e uma felicidade? Os momentos difíceis que teve não são nada em comparação à estima que todos sempre lhe dedicaram. Então, por que a vida no Carmelo?

Há vezes em que Deus nos diz coisas profundas através de um acontecimento banal. É verdade, sim, o amor vê mais longe que os olhos!

Um dia, num domingo, após a missa, Teresinha, ao fechar seu missal, viu uma estampa de Cristo Crucificado. Na estampa estava pintado o sangue que corria do corpo do Senhor. Acontecimento banal. Que é que ela viu além de ter visto a estampa? Ela não viu. Ouviu. Súbito veio-lhe este pensamento: Este sangue lavou os pecados do mundo. Daqui

71

por diante quero manter-me aos pés da cruz para recolher este sangue e com ele lavar os pecados do mundo. À sede de Jesus responde a sede de Teresa. É então que sua vocação ao Carmelo se define e se aprofunda. Quero ser pescadora de almas!

Pranzini, o primeiro

Um crime horrível abalou a cidade de Paris e movimentou toda a imprensa do tempo. Foi na noite de 19 a 20 de março de 1887. Três pessoas foram horrivelmente assassinadas. Duas mulheres e uma criança. A polícia conseguiu deter o assassino, Henrique Pranzini, depois de dois dias de busca. Pranzini não era um criminoso vulgar. Em nenhum instante ele quis confessar o crime. Chegou até a enfrentar e a injuriar as testemunhas e os juízes. Seu julgamento durou até o mês de julho. No dia 13 foi condenado à morte na guilhotina.

A imprensa só se referia a ele com os termos "vil animal", "besta humana", "terrível patife", "monstro" etc.

Teresinha ouviu falar do caso e da sentença de morte. Lembrou o sangue do Crucificado. Lembrou as palavras de Cristo: "Eu vim para salvar e não para perder". Daí decidiu no coração: Eu vou salvá-lo. Será meu primeiro filho. Depois passou para Celina o que pensou. As duas se uniram na oração. Teresinha fala: "Eu disse a Nosso Senhor que tinha plena certeza que ele perdoaria ao infeliz Pranzini. Pedi que Pranzini, mesmo que não se confessasse, desse um 'sinal' de arrependimento".

Trinta e um de agosto foi o dia marcado para a execução na penitenciária de Grande Roquete. Parece que Pranzini queria morrer impenitente, recusando a confissão. Mas, no último momento, ele pede o Crucifixo ao Pe. Faure, e beija-o duas vezes antes de morrer.

Luís tinha proibido às filhas de ler os jornais. Mas, como não lê-los? Teresinha deu um jeito. Conseguiu ler toda a narrativa no jornal La Croix. Depois entrou em seu quarto para chorar. A alegria a fez gritar: "Eu fui atendida ao pé da letra!"

Essa "graça única" acelerou sua determinação de entrar para o Carmelo para rezar e doar-se pela salvação dos pecadores. Ela estava certa pensando: Atrás de Pranzini virão muitos outros!

Carmelo de Lisieux. Do jardim, pode-se ver à direita marcada com uma cruz a janela da cela de Santa Teresinha

O CARMELO

O Carmelo é uma Ordem mista de vida contemplativa. Começou como uma comunidade de eremitas. Dizem que teria sido estabelecida pelo profeta Elias nas grutas do Monte Carmelo, na Palestina. A primeira casa teria sido fundada pelo ano 1150, por São Bertoldo. Sua aprovação só se deu em 1224, pelo papa Honório III. Com o superior geral São Simão Stock (1265) a Ordem chegou ao auge de seu rigor. A perseguição dos sarracenos forçou a ida dos carmelitas para o Ocidente. Aí eles se espalharam logo pela França e Inglaterra.

Com o correr do tempo, o Carmelo passou por diversas reformas. A maior delas foi feita pela santa espanhola Sta. Teresa d'Ávila (1515-1582) e por São João da Cruz (1542-1591), em 1562.

A grande santa d'Ávila dizia às Irmãs dos diversos mosteiros ("desertos") que fundou no tempo do cisma de Lutero: "Temos de permanecer firmes para empurrar a barca para a frente. Temos de ser 'torre forte'". Suas Irmãs rezavam como Moisés na batalha con-

75

tra os amalecitas. "A heresia prolifera; o sacramento é profanado; tremenda conflagração consome a cristandade. Jesus vê-se de novo condenado à morte. É nossa tarefa fazer penitência e defender o Evangelho de Cristo com uma adesão leal."

No Carmelo por seis ou sete horas as Irmãs dedicam-se à oração, ao culto, ao Ofício Divino, a leituras espirituais e à meditação. O resto do tempo é empregado em trabalhos para sustento da comunidade. Esses trabalhos não são uma mera "ocupação". Não devem ser feitos de um modo que impeça de pensar em Deus. A regra para o trabalho é a de S. Paulo: quem quiser comer deve merecer pelo trabalho. O Carmelo não tem fonte de rendas. Vive de esmolas.

A vida no Carmelo tem ainda aspectos caraterísticos do "deserto": silêncio completo, separação do mundo exterior, reclusão inviolável, isto é, as Irmãs devem estar sempre dentro das paredes da casa e dos muros do jardim. O contato com o mundo por cartas ou por visitas é reduzido ao mínimo. O silêncio só é quebrado uma ou duas vezes por dia no recreio após as refeições.

No Carmelo observa-se a abstinência perpétua de carne. Os dias de jejum são mais comuns do que para os demais fiéis da Igreja. As práticas de penitência são mais rigorosas no tempo do Advento e da Quaresma.

A pobreza é vivida de um modo que muitos não conseguem entender. As irmãs não têm guarda-roupa, não são donas da mínima coisa nem podem ter enfeite nos quartos. Sentam-se em bancos sem encosto, ajoelham-se no chão. Até o hábito que usam é também um instrumento de penitência.

Santa Teresa chama a vocação para o Carmelo de "vida de morte". De fato, quem segue esta vida, no espírito e na letra, só tem de ver na vida do Carmelo uma radical e irrevogável renúncia a todas as coisas que neste mundo tornam a vida agradável, suave e atraente.

De fato, viver uma vida neste estilo só é possível para quem tem um amor que, além de ser verdadeiro, é intenso. Por incrível que pareça, sempre houve, há e haverá quem sabe amar desta forma!

Cristo não fez nada neste mundo que não possa ser feito por mais ninguém. Não pensemos nos milagres. Pensemos no estilo de vida que ele viveu e pede dos que querem segui-lo!

Uma coisa é acreditar com temor. Outra coisa é acreditar com amor. Foi isso que aconteceu aos discípulos depois de Pentecostes. Eles acreditaram com amor! Isto significa: perderam o medo de tudo e de todos, até de morrer. S. Paulo dizia aos fiéis de seu tempo: "Morrer com Cristo para mim é lucro".

No testemunho de Celina sobre Teresinha está dito: "Ela desejava escolher para si esta vida de morte, mais fértil do que qualquer outra, para a salvação das almas". Na *"História de uma alma"* encontramos: "Eu desejo salvar almas, custe o que custar. Quanto ao amor, não quero que o meu por Jesus seja de meias medidas". É ainda dela: "Vi que era possível ser santa em vários graus porque somos livres, e, por sermos livres, podemos responder ao convite do Senhor fazendo muito ou pouco em nosso amor por ele. Escolher significa optar por um dos sacrifícios que ele pede. Então eu disse: 'Escolho tudo'".

"Escolho tudo!" Com essas duas palavras Teresinha quis dizer: Não quero apenas provar do cálice. Quero tragá-lo todo.

O Carmelo de Lisieux

O Carmelo de Lisieux nasceu em 1838. Sua fundadora foi a Ir. Genoveva de Santa Teresa. Ela ainda vivia quando Teresinha entrou para o Carmelo. Morreu com 81 anos. As seis primeiras Irmãs durante algum tempo viveram em extrema pobreza, numa cabana de palha ao lado de um riacho. A pobreza era tal que só depois de quarenta anos é que puderam terminar a construção. Era um edifício feito de tijolos vermelhos, em forma de ferradura, no qual havia uma pequena cúpula com teto de ardósia.

No tempo de Teresinha o Carmelo contava com vinte e cinco membros. A média de idade das Irmãs era de quarenta e sete anos. Quase todas as Irmãs procediam da pequena burguesia e da classe artesanal. Algumas vieram da roça. Só a priora e a mestra de noviças é que pertenciam à nobreza normanda. As irmãs Martin eram as únicas representantes da nova burguesia.

Como aconteceu em muitos Carmelos, também o de Lisieux não escapou à influência de um cristianismo vivido à moda de Jansênio.

Jansênio (1585-1638) foi um teólogo holandês. Para combater o laxismo ensinou o rigorismo. Essa doutrina provocou uma série de desvios e exageros na doutrina e na moral. Espalhou uma espécie de terrorismo nas almas, e abriu abismos na vida da Igreja.

Para a maioria das religiosas o espírito de penitência e de mortificação precedia e sobrepunha-se ao espírito de amor. Muitas delas viam em Deus mais um justiceiro e um vingador que um Pai amoroso. Infelizmente essa ideia errada de Deus persistiu por muito tempo no Carmelo e fora dele, no seio das famílias e também na vida das comunidades cristãs.

É claro que Deus pode usar da vara, mas só ele pode achar quando fazê-lo! Sem dúvida, os santos que estão no céu, mesmo os maiores pecadores, se perguntados, diriam que lá estão porque acreditaram no Deus de Jesus Cristo, Deus Pai que, de preferência, afaga e acaricia!

Foi para esse Carmelo com regras duras e com esse espírito de rigor que Teresinha quis entrar. Contava ardentemente encontrar nele a "Arca bendita". Olhava as freiras com ilimitado respeito e veneração, e sonhava poder imitá-las. "Ela bem sabia que o Carmelo de Lisieux encerrava muitas almas santas." É o que diz de Teresinha o prior Godofredo Madelaine, e ele continua: "Mas se reunirmos e considerarmos a evidência espalhada por muitas fontes sobre as freiras deste tempo, a imagem que nos fica não é muito brilhante, apesar das exceções".

Teresinha encontrou uma comunidade de freiras na maioria excêntricas e meio desequilibradas. Umas, doentes e mortificadas. Outras, frias e indiferentes. A ideia da época condenava a vida "profana" como desprovida de qualquer valor religioso. Essa ideia era a que predominava. E, por incrível que pareça, encheu muitos conventos de inúmeras pessoas sem verdadeira vocação para a vida de consagradas. Mas, em qualquer tempo, qualquer que seja o espírito predominante, nunca em todos a graça de Deus perde a sua eficácia!

Depois de Roma

Não obstante todas as respostas negativas ao pedido que Teresinha fez de entrar para o Carmelo com a idade de quinze anos, ela não desistiu. As palavras do Papa, em Roma, no dia da audiência: "Minha filha, você entrará se Nosso Senhor quiser" ficaram-lhe bem claras na lembrança. Como não?

Ela acreditou que Nosso Senhor queria. Por isso, logo que chegaram, de volta a Lisieux, ela voltou à carga. Fez o que pôde e quanto pôde. Pensava: Não posso deixar de querer o que Deus, por certo, quer de mim. Sinto sua voz falar dentro de mim como brisa e, ao mesmo tempo, como vento forte! Quero amá-lo, e tem de ser da forma que ele quer!

O superior do Carmelo, padre Delatroette, não teve mais sossego depois que os peregrinos voltaram de Roma. Foi bombardeado com mil pedidos, com visitas e cartas. Numa palavra, ficou prensado. Não via jeito de fugir, e o único jeito que achou foi o de repensar o caso.

O tio Isidoro já se havia deixado convencer por Paulina, e até se tornara um dos melhores advogados de sua causa. Pessoalmente foi ter com o Pe. Delatroette para falar-lhe do assunto. Foi mal recebido e não recebeu o "sim" do superior do Carmelo. "Não entendo — disse Delatroette — por que tanta insistência de vocês, e não entendo também a razão de vocês não me entenderem." Depois volta-se e remata: "O 'não', que eu já disse muitas vezes, da mesma forma continua dito".

O pai de Teresinha, a priora Madre Maria de Gonzaga, Irmã Paulina, outras Irmãs, o confessor, enfim, meio mundo veio interceder por Teresinha.

Ela mesma, Teresinha, lembrou-se que, em Assis, por onde os peregrinos passaram na volta, o Pe. Révérony lhe deu uma carona. No carro ele ficou olhando para ela. Só olhando. Parecia bastante desapontado. Mostrava-se como quem não sabe o que dizer. De repente ele rompe o silêncio e diz a Teresinha: "Olhe, eu vou me interessar por seu caso".

Teresinha lembrou esse momento e pensou numa forma de cobrar. E achou. Sem perda de tempo, escreve duas cartas. Uma endereçada ao vigário-geral, Pe. Révérony, e outra ao sr. bispo, D. Hugonin.

Imaginamos que era enorme a ansiedade dos doentes que ficavam à beira dos caminhos esperando que Jesus passasse para pedir-lhe graças e cura. É com essa ansiedade que Teresinha esperou pela resposta. Ela queria entrar para o Carmelo já no Natal. Cada dia ia ao carteiro para ver se havia alguma carta para ela. Ia esperando, e voltava penando.

Enfim o Natal veio, e nada. A resposta que veio não foi para ela. Foi para a priora do Carmelo.

Alegria e decepção

Ano Bom de 1888. Teresinha vai ao Carmelo para celebrar com as Irmãs a passagem de ano. Sem dúvida, ela foi lá para isso e para algo mais. Talvez haja — pensou — alguma novidade para mim. De fato, havia.

No dia 28 de dezembro a priora havia recebido uma carta do bispo de Bayeux, D. Hugonin. Na carta o bispo aprovava a entrada imediata de Teresinha para a vida do Carmelo.

Então, por que não lhe disseram logo? Por que a deixaram entre angústias? Que motivos havia para o silêncio de tantos dias? Havia motivos, sim. A priora teve medo. Não quis comunicar nada a Teresinha sem antes falar com o superior do Carmelo, Pe. Delatroette. Ela o conhecia muito bem, e temia. Temia vê-lo melindrado. Temia que, melindrado, provocasse uma tempestade dentro do Carmelo.

Outro motivo foi a observação de Paulina, sua irmã. Achou que Teresinha só devia entrar depois da Páscoa. Não queria que sua irmã enfrentasse, já no começo, o rigor apertado do jejum no Carmelo no tempo da Quaresma. Paulina achou que mais um pouco de espera não diminuiria em nada a alegria de sua admissão ao Carmelo.

Paulina enganou-se. Sem querer fez Teresinha beber um cálice amargo. Aconteceu com Teresinha o que acontece com uma criança quando lhe tiram o brinquedo de sua preferência. Seu sofrimento foi coisa parecida com o desespero de alguém que grita por socorro. Foi coisa parecida com o desespero de alguém que se vê debaixo dos escombros de uma casa que cai. Nenhuma criança pára de chorar enquanto não se vê nos braços da mãe. Nenhum doente deixa de gemer enquanto não chega o médico para mitigar-lhe a dor e tirar-lhe o medo da morte.

Como passar esses três meses de espera? Teresinha passou pelo crivo da tentação que seria a de qualquer outra moça de sua idade. Pensou em se entregar pela última vez aos prazeres inocentes da idade, e em gozar da plena liberdade que o "mundo" de casa lhe oferecia. Não haveria nenhum mal se procedesse assim.

Entretanto, não fez o que todo o mundo acha que seria coisa muito natural. Antes quis fazer desse tempo de espera mais um tempo de preparação. Com espantosa independência de espírito, escolheu mais uma vez o "véu". Diz ela à irmã em seus escritos: "A minha mortificação consistiu em reprimir os meus desejos, em deter o mundo impaciente, em fazer pequenas coisas aos que me cercavam sem que o soubessem, e muitas outras coisas assim. Por meio dessas pequenas coisas preparei-me para me tornar esposa de Jesus, e não te posso dizer quanto cresci em renúncia, humildade e outras virtudes".

Se alguém tivesse dito naquele tempo ou se alguém dissesse hoje: Se Teresinha conseguiu o que queria, isto é, a permissão de entrar para o Carmelo com quinze anos, não havia nenhuma necessidade de ela dramatizar o ter de esperar por apenas mais três meses. Seu procedimento muito se parece com o procedimento de uma criança manhosa que bate o pé, deita e rola no chão simplesmente porque quer que façam o que quer e do modo que quer, e logo. O seu procedimento parece que tinha algo de imaturidade! Em geral, criança manhosa merece palmadas!

Dou razão para quem pensa assim. Mas a razão de quem pensa assim não é a mais certa. Estamos diante de uma verdade, que é: "O amor tem razões que a razão não entende!

AS PORTAS SE ABREM

A entrada de Teresinha para o Carmelo ficou marcada para depois da Páscoa, 9 de abril. Foram feitos os preparativos de tudo quanto era necessário. O dia 8 seria o último que passaria na companhia do pai, de Leônia, de Celina e dos parentes mais próximos.

Dizem que "partir é morrer um pouco". Eis o que Teresinha diz da ocasião: "Precisamente no momento em que eu preferia que ninguém reparasse em mim, todos me falavam com a maior ternura. Isto me fez sentir ainda mais o sacrifício da partida. Como esses adeuses despedaçam o coração!"

No dia seguinte, nove, Teresinha parte para o Carmelo acompanhada dos seus. Deixa para trás o lar, e para sempre. Como não chorar olhando pela última vez o berço encantador de sua infância, os Buissonnets? Do imenso céu que costumava contemplar iria ver, depois, só o pedacinho que cabia dentro do pequeno espaço do Carmelo. Não iria estar mais a passear no jardim com o pai, a ver as flores e a apontar, à noite, as estrelas no céu. É terrível a dor de uma despedida! É terrível a despedida quando é para sempre!

Às sete horas todos estão presentes à missa no Carmelo. Após a missa as portas do Carmelo se abrem. Todas as Irmãs, de véus abaixados, estavam ali para receber Teresinha. "Beijei toda a família e depois ajoelhei-me para receber a bênção de meu pai. Ele ajoelhou-se também e chorava enquanto me abençoava."

Era de se esperar que o Pe. Delatroette estivesse também lá no momento. Mas ninguém podia esperar ouvir o que ele disse à Madre em voz alta: "Pois é, Madre, agradeça a Deus. Por ordem do sr. bispo vocês recebem esta criança de quinze anos, cuja entrada vocês tanto desejavam. Espero que ela não decepcione, e quero deixar bem claro que a responsabilidade é toda de vocês se as coisas não correrem como desejam".

Teresinha não faz nenhuma referência a essas palavras do Pe. Delatroette. Talvez não as tenha ouvido, ou, se as ouviu, em nada se deixou abalar.

Ninguém condene o Pe. Delatroette. Os motivos que ele tinha para impedir Teresinha de entrar para o Carmelo eram muito justos. Só que as palavras que disse e o azedume com que as disse mostram que estava profundamente ferido em seu orgulho pelo fato de terem passado por cima de seu poder de decisão. Mas isso é coisa que todo o mundo facilmente entende e releva. Por que não?

Madre Maria de Gonzaga era a priora do Carmelo. A primeira coisa que fez após a recepção de Teresinha foi levá-la ao coro. Só depois é que a levou a sua cela. Era um quartinho de 2,10m por 3,70m, com uma cama, um cobertor marrom, um banquinho, uma lamparina de querosene, uma ampulheta. Na parede havia uma cruz. Da janela só se podia ver um telhado de ardósia e um pedaço do céu.

Teresinha não se assustou. Pelo contrário. Não escondeu a alegria que inundava seu coração, e diz: "É para sempre que estou aqui. É para sempre!"

A postulante

O postulantado é um tempo de experiência e de provação de mais ou menos seis meses, no qual a jovem candidata é observada e ela mesma pode ver se tem, de fato, coragem e condições de assumir amanhã os compromissos da vida consagrada pela emissão dos votos. Só se for aprovada é que será admitida ao noviciado e à profissão dos votos.

Como postulante, a vida de Teresinha no Carmelo estava relacionada com quatro irmãs do noviciado. Eram elas: Ir. Maria dos Anjos, mestra de noviças, Ir. Maria Filomena, Ir. Maria do Sagrado Coração (sua irmã de sangue) e Ir. Marta de Jesus.

Com as muitas visitas que fizera ao Carmelo, Teresinha já tinha conhecimento de como era a vida ali dentro. As irmãs diziam--lhe muitas coisas no locutório durante as visitas, e muitas outras coisas, por certo, ela imaginava. A verdade é que o contraste da vida atual com a vida nos Buissonnets não a afetou em nada. "Eu entrei sem ilusões!"

Como postulante Teresinha foi encarregada de remendar roupas velhas. É coisa que nunca fizera em casa. Por isso não podia sair-se bem, isto é, não mostrou nenhuma destreza nem aptidão. A mestra de noviças vê nisso algo que devia ser comunicado à priora. É o que ela fez. Depois, não se sabe com que intenção, diz à priora que Teresinha é muito lerda, incapaz, preguiçosa.

Outra função da postulante era varrer a escada e outras partes da casa, e cuidar do jardim. À tarde recebia lições sobre as Regras do Carmelo e sobre usos da vida comum: modo de vestir-se, de comer, de locomover-se etc. Devia aprender também o manejo do breviário, todo em latim, para o ofício no coro.

Com duas irmãs já há tempo no Carmelo, alguém poderia pensar não se enganar se dissesse que Teresinha estava fadada a ser o "brinquedo do Carmelo". Não foi.

As poucas implicâncias, que houve nos primeiros meses de Carmelo, para Teresinha não passaram de coisinhas que não se levam em conta. Do que ela escreveu pode-se concluir que esses foram dias maravilhosos. Como se alguém tivesse estendido debaixo de seus pés um tapete de rosas. É desse tempo o que ela escreve a Celina: "Há momentos em que eu me pergunto se é mesmo verdade que estou no Carmelo!"

Libertação

Já como postulante, mal começando sua vida religiosa, Teresinha achou que devia deixar-se conhecer a fundo. Sentiu necessidade de escolher um confessor a quem pudesse revelar todos os segredos de seu coração. Paulina e Maria tinham um. Era o Pe. Pichon, jesuíta. O retiro que ele pregou às Irmãs, em maio de 1888, foi ocasião de ela poder falar com ele. O Pe. Pichon viu logo a beleza da alma de Teresinha, e não se fez de rogado. Aceitou logo orientá-la na espiritualidade da vida religiosa.

O Pe. Pichon era um sacerdote de grandes virtudes, de coração grande, de olhos penetrantes, culto e sensato. Por isso era muito admirado e estimado por todas as Irmãs no Carmelo.

Teresinha acertou. Sob a direção sábia e prudente do Pe. Pichon, ela conseguiu livrar-se de algumas coisas do passado que ainda a perturbavam e de outras coisas que, no presente, doíam-lhe no coração.

Primeiro quis fazer uma confissão geral. Nela pôde abrir todas as janelas de sua alma para fazer-se toda iluminada. Pe. Pichon esforçou-se, de todos os modos, por tranquilizá-la. Aos poucos tirou-lhe todos os temores. Aconselhou-a a acreditar sempre mais firmemente no amor de Deus por todos os homens, em Cristo, e levou-a a convencer-se que a vocação a que Deus a chamava era a de amar, amar sempre.

Um conselho que o Pe. Pichon lhe deu e que lhe fez um bem imenso, foi este: "Minha filha, faça que Nosso Senhor seja o seu superior e mestre".

A partir deste dia Teresinha procurou fazer seu o programa de vida do apóstolo Paulo: "Morro cada dia um pouco", em meu ser, para ser em tudo amor para todos. Daí Teresinha partiu para dizer a si mesma: "Quero ser tudo para todos, mas para isso e antes disso quero ser toda de Cristo!"

Teresinha só pôde tomar o hábito em outubro. Até lá os seus passos não foram pesados como os de Cristo no calvário, mas foram doídos como os pés de quem pisa sobre espinhos.

Madre Maria de Gonzaga, a priora, mostrava-se agora tão diferente da que a recebera às portas do Carmelo com tanta amabilidade. Não era mais aquela que, em tempo de visitas, no locutório do Carmelo, falava com tanta doçura na voz e nos modos. Agora só se podia ver nela uma mulher cheia de surpreendentes improvisos e imprevistos. Cada vez que Teresinha se encontrava com ela, em qualquer lugar, tinha de passar por uma humilhação qualquer. Às vezes devia ouvir palavras duras de repreensão. Às vezes, devia ver um olhar de pôr a pessoa em sobressalto. Às vezes, devia ajoelhar-se. Às vezes devia beijar o chão. Teresinha diz: "É justamente junto dela que eu gostaria de estar mais vezes para colher algumas gotas de alegria".

Seus colóquios com a mestra de noviças, Ir. Maria dos Anjos, eram um martírio. Não sabia o que responder às mil perguntas que fazia. Se ao menos todas as perguntas fossem de interesse e fossem sobre a vida no Carmelo!

Na convivência com outras Irmãs sofreu muito em sua sensibilidade. Uma delas, Ir. S. Vicente de Paulo, não tinha nada da bondade do santo do qual trazia o nome. Era terrivelmente mordaz e suas críticas doíam como alfinetadas. Esta, implicante, disse mais vezes à priora: "Em que esta jovem poderá ser útil à comunidade?" Foi também esta Irmã que lhe deu um apelido, o de "cabrita".

Suas irmãs, Paulina e Maria, não podiam ver a irmãzinha ser tratada desta forma, com tanta agressividade, com tanta brutalidade e com tanta estupidez, e tudo isso com frequência e sem merecer. Teresinha continuava sendo para elas, como em casa, "a queridinha dos Buissonnets". Por isso não podiam conter o constrangimento e a indignação, e mais vezes quiseram intervir para defendê-la. Chegaram até a falar de todas essas maldades a parentes que vinham ao locutório do Carmelo. Que tristeza e que decepção para eles!

Teresinha não entrou para o Carmelo pensando que iria viver no meio de mulheres, todas elas santas. Por isso, um dia, ela mesma resolveu dizer a Paulina e a Maria: "Agradeço pelo que vocês fazem por mim. Eu teria prazer em ficar só com vocês, mas é melhor privar-nos disso, pois não estamos mais em casa".

Parece que Teresinha sabia melhor do que as suas duas irmãs quanto era difícil a vida em comum no meio de 26 mulheres com diferenças de idade, de temperamento, de origem social, de grau de educação, de formação etc. "No Carmelo não se encontram inimigos, mas há simpatias e antipatias. Se é bom estar sempre perto de pessoas que nos são simpáticas, é horrível e dá vontade de fugir quando estamos diante de pessoas que nos são antipáticas. Há as que conseguem corrigir-se de seus defeitos, e há as que nada fazem por se tornarem melhores. O que importa é que em nenhuma deixemos de ver Jesus!"

Caminhando

As palavras do Pe. Pichon a Teresinha — "Faça de Jesus seu superior e mestre" — ficaram-lhe gravadas na mente e no coração. Que Jesus? O Jesus Deus e homem. Jesus, a Palavra que se fez homem. O Jesus que se fez pequeno. O que se fez um dos nossos. O que se fez dos pobres. O que recebeu os pecadores. O que disse palavras antes nunca ditas. O que muito sofreu por dizê-las. O que aceitou morrer. O que morreu por amar. O que amou para nunca deixar de ser bom. O que sempre foi bom para que o amor em todos se tornasse felicidade e vida em plenitude.

É com esse Jesus, como superior e mestre, que Teresinha amadureceu. Com ele repentinamente tornou-se adulta. Cresceu espiritualmente. Cresceu mais do que todas as demais coirmãs do Carmelo. Cresceu mais depressa do que se pode esperar, e de um modo que ninguém podia esperar que acontecesse.

Daí para a frente, é verdade, tudo continuou ainda a ser-lhe difícil e penoso. Mas, nada mais a impediu de fazer-se sempre disponível para aceitar o que Deus lhe pudesse pedir. O amor absorveu-a toda. Por completo. A vida agora tinha para ela o sentido de "ser amor". O amor agora tinha para ela o sentido de ser "Cristo em sua vida".

Adotou para si como norma de vida o lema dos grandes místicos: "Amar e sofrer. Sofrer, se for para amar. Amar, mesmo que seja para sofrer!"

Neste mundo, de bom ou mau grado, todos os homens têm de pagar tributo à dor. Ninguém escapa. Mais dias ou menos dias o sofrimento bate à porta de cada ser humano. Ele vem sem perguntar e sem levar em conta idade ou condições. Quando não é uma dor que fere o corpo, é uma tristeza que dói no coração.

Quem não ama sofre. Quem ama também sofre. Quem não ama revolta-se por sofrer. Quem ama, por sofrer, merece e redime.

Teresinha não sofreu pouco. Mas não foi o rigor da vida no Carmelo que mais a fez sofrer. Aí dentro até que ela pôde gozar de muitas isenções e de muitos privilégios. Nunca lhe foi negada a permissão de pedir objetos e coisas que as Irmãs mais do que ela queriam. Nunca um pedido partiu de sua própria vontade. Tudo o que pedia era por sugestão de Paulina e de outras Irmãs. A priora sempre permitiu que o pai, parentes e amigos da família, lhe trouxessem em abundância presentes, doces e coisas que sabiam ser de seu gosto. Nunca guardou nada só para si. O que ganhava — pensava — é para ser de toda a comunidade!

É verdade que o melindre mexeu na alma de muitas Irmãs. É verdade que do melindre nascem a inveja e o ciúme. É verdade que a inveja e o ciúme sempre desembocam nas críticas. É verdade que há vezes em que as críticas mais doídas vêm apenas de um olhar ou de um simples sorriso. É verdade que em geral as críticas injustas doem no coração mais do que qualquer outra dor.

Interessante! As Irmãs que mais a criticavam eram as que mais sedentas iam ao pote para participar e se deliciar de todas as regalias que antes das Guérins entrarem para o Carmelo a comunidade não tinha!

Teresinha, diante de tudo o que acontecia e faziam por ela, ficava sempre entre a gratidão e o embaraço. Isso também faz sofrer! É pena que nem sempre os homens percebam quanto amor há em certos momentos de silêncio!

Antes de mais nada o maior sofrimento de Teresinha no tempo do postulantado foi a dor da separação. O amor que a unia aos seus era grande demais, e foi esse amor que fez a dor da separação transformar-se em dor imensa. Depois de sua ida para o Carmelo, o pai envelheceu mais depressa do que se esperava. Ficou num estado de lástima. Causava dó vê-lo. Parece que a vida lhe sumia por não poder nunca mais ter junto de si sua querida "rainha". Cada visita que ele fazia ao Carmelo custava a Teresinha mil penas e aflições. Está certo quem disse: "Só o amor de Cristo é que pode fazer com que pessoas que se amam extremamente se separem sem pensar em desespero!"

Outro grande sofrimento de Teresinha foi o de não poder mais contemplar a linda natureza de Deus. Não podia mais andar livremente pelos campos, colher flores, soltar a voz, cantar, pular, ouvir o murmúrio das águas, gritar pelo seu "rei" nos passeios, sentar-se com ele nos bancos do jardim, sentir o afeto de seus abraços, olhar nos seus olhos, sentir a emoção dos instantes em que ele ternamente lhe dizia: "Você está linda!"

Sofria por lembrar todas essas coisas. Mas que coisa há que não aceite quem deseja chegar à perfeição do amor em Cristo? Por tornar-se Cristo o nosso único amor, é que deixamos tudo para amar a todos com um amor maior!

Outro sofrimento para Teresinha foi

quando lhe disseram que Celina, então com dezenove anos, tinha sido pedida em casamento. A notícia soou como se o céu tivesse desabado sobre ela. Teresinha não podia acreditar nem aceitar que isso pudesse acontecer.

Celina frequentava com as primas, no verão, a casa dos tios, os Guérins, no castelo de La Musse. Aí os Guérins costumavam fazer brilhantes recepções no tempo de verão. Foi por ocasião dessas recepções que um procurador da justiça em Caen, Henri Maudelonde, ficou perdido de amores por Celina. Quis casar-se com ela a todo custo. Fez de tudo.

Celina não tinha coração de pedra. Seus sentimentos eram normais. Por isso ficou atordoada. O coração tremeu-lhe nas bases. Vieram as tentações e as dúvidas. Estava na situação de quem se encontra numa encruzilhada sem nenhuma indicação do rumo certo.

Teresinha acreditava firmemente que o Carmelo era a vocação também de Celina. Por isso dobrou as orações e dobrou o fervor em fazê-las. Pensava: Celina não pode casar-se! Jesus a quer no Carmelo junto de nós! A aflição que afligia Teresinha era a mesma que afligia suas irmãs Maria e Paulina. Nelas o sentimento de pavor e de rejeição também era o mesmo. Celina não devia casar-se! O sofrimento só terminou quando, depois da morte do pai, Celina entrou para o Carmelo.

De repente estoura uma bomba. Era o dia 23 de junho. Nesse dia correu célere em Lisieux a notícia da fuga de Luís. Ele havia desaparecido de casa. Ninguém sabia dizer por onde andava. O pânico tomou conta dos Buissonnets. Celina, Leônia e os tios saíram à procura de Luís. Que sofrimento, meu Deus! Só depois de quatro dias de angústias e de buscas é que conseguem encontrá-lo na agência do correio em Havre.

Tudo se explica. Depois que Luís voltou da Itália, decaiu sensivelmente. As saudades da "rainha" levaram metade de sua vida. Depois, além do mal de uma ferida na orelha esquerda causada por uma antiga picada de inseto, vieram outros males: a arteriosclerose, repetidas tonteiras, perda da memória, uma ideia fixa pela solidão e desejos de fuga. Diziam que tudo isso o levava ao fim. Não faltou quem dentro e fora do Carmelo perguntasse maliciosamente: Que é que teria feito o velho ficar maluco?

Nada podia afetar mais profundamente Teresinha. Ela sentia-se ferida no mais íntimo de seu amor filial. Na hora em que o pai mais precisava dela, estava "presa". Não podia fazer nada por ele. Não podia estar perto dele.

Que fez? Rezou e confiou. Assim teve forças para escrever ao pai cartas alegres contendo palavras de animação. Mas suas cartas para Celina tinham outro tom e sabor. De amargura. Falava da aridez do coração: "Se ao menos eu sentisse Jesus! Parece que ele está a mil léguas distante de mim. Ele quer esconder-se". Ao responder a uma carta da tia Maria Guérin, ela diz: "Estou sofrendo muito, mas sinto que ainda posso suportar provações maiores".

Sem dúvida, dizer tais palavras em tais circunstâncias é típico de quem ama com um amor que, além de ser imenso, é intenso!

O hábito

Em geral é depois de seis meses de provação no postulantado que a jovem recebe o hábito religioso para iniciar o noviciado. Isto é normal em qualquer instituto ou ordem religiosa.

Em outubro de 1888 Teresinha completara os seis meses de postulantado no Carmelo. Esperava agora, ansiosa, receber o hábito de carmelita. O capítulo das Irmãs aprovara a sua admissão. Com isso ficou confirmada a autorização do bispo D. Hugonin. O superior do Carmelo, Pe. Delatroette, também concordou. Mas a carta que ele escreveu ao Carmelo para comunicar a autorização do bispo o traiu. As palavras que usou na carta tinham o sabor de secura e desagrado, e não revelaram nenhum sinal de alegria. Ele ainda não acreditava na vocação de Teresinha naquela idade e acreditava que só o seu parecer é que devia ser o mais certo.

Será que o Pe. Delatroette não se lembrou em nenhum momento que Deus pode surpreender? Ele devia lembrar-se que no mundo das almas não é o sol que ilumina. É o amor!

Por diversos motivos a data de tomada de hábito de Teresinha teve de ser protelada. Seu confessor, Pe. Pichon, estava de partida para o Canadá. O pai teve uma séria recaída. Só em janeiro é que D. Hugonin estaria livre para a cerimônia. Houve um caso de morte no claustro.

Afinal a data de tomada de hábito ficou marcada para o mês de janeiro de 1889, dia 10. No dia 2, Teresinha celebrou o seu aniversário. Na verdade, nesse dia só houve festa para o seu coração. Seu único presente foi a paz!

A solenidade da tomada de hábito sempre é precedida por alguns dias de retiro espiritual. Já no início do retiro, dia 5, Teresinha escreveu diversos bilhetes às suas irmãs falando do estado de espírito em que se achava. Ela ainda estava profundamente marcada pelos temas de medo dos retiros pregados pelo Pe. Domin. Ela fala às irmãs de dificuldades e de "tristezas" destes dias de solidão. A aridez de meses atrás voltou a perturbar-lhe a alma.

Que é a aridez? É um horrível sofrimento do espírito. É perder o gosto de tudo. É sentir-se mal em todos os momentos. É sentir-se só, enfastiado, entediado, esquecido. É sentir-se longe de Deus como se ele pudesse não mais ser amor. É pedir em vão a ajuda de um Cireneu. É a tentação de achar que aquele que ama não deve sofrer.

É nesta situação que Teresinha entrou para o retiro. Perdeu horas de sono. Alimentou-se mal. Viu-se cercada de um vazio interior imenso. Só quem passa por esta situação é que pode avaliar devidamente.

Que fez Teresinha para encontrar um pouco de consolo? Fez o que todo o mundo deve fazer nos piores momentos da vida: Amou o amor. São palavras suas: "Se Jesus quer dormir, por que impedi-lo?"

No plano afetivo Teresinha não sofreu menos. Não faltaram as "alfinetadas das criaturas". Aí aparece de novo a Ir. São Vicente de Paulo. A todas as indelicadezas que lhe vinham de quem quer que fosse Teresinha sempre respondia com sorrisos. A ansiedade pela saúde do pai. O medo de ele não poder estar presente. O medo de não amar quanto sua alma desejava amar. O medo de não viver só para amar Jesus. Desejo que ninguém passe por esses momentos da vida de

Teresinha! Ela suportou. É que, na verdade, ninguém carrega uma cruz como a cruz de Cristo!

Recordando, mais tarde, esses dias, Teresinha disse: "A noivinha de dezesseis anos encontrou mais espinhos do que rosas". É desse tempo também o que segue: "Creio que o trabalho de Jesus durante este retiro foi desapegar-me de tudo o que não era ele. O sofrimento estendeu-me os braços e eu atirei-me neles com amor".

Nos seus dias de lucidez, o pai de Teresinha sonhava com a tomada de hábito de sua "rainha". Quis preparar-lhe um vestido que fosse um "luxo". Tinha de ser lindo como a mais linda flor de um jardim. Tinha de ter a marca de sua alma. Tinha de ter o brilho de seus olhos. Tinha de ter o encanto da ternura. Tinha de ter a bondade de seus sorrisos. Tinha de ter a graça de quem está mais no céu do que na terra. E Luís conseguiu o que sonhou para sua "rainha".

Tudo aconteceu assim. No dia 10 de janeiro Teresinha entra pela nave da capela do Carmelo de braço dado com o pai, seu "rei". Entra em trajes de veludo branco e cauda comprida. Os cabelos longos estavam soltos sobre os ombros. Na cabeça puseram-lhe uma coroa de lírios. Como lhe ficava bem!

O silêncio que então reinava no ambiente não era apenas quietude. Era prece e contemplação. Era adoração. Era enlevo. Era uma coisa parecida com êxtase. Era um bem que ninguém jamais esquece. Era um silêncio de quem, na paz, percebe e entende o que Deus fala.

Do começo ao fim a cerimônia pareceu uma encenação do céu. O entusiasmo empolgou o próprio oficiante, D. Hugonin. Sem pensar, ele muda o ritual. Começa a cerimônia entoando o canto final, de ação de graças, "Nós te agradecemos, ó Deus", em vez de entoar o canto inicial de invocação, o "Vinde Santo Espírito". Este engano pode ter sido um mero incidente, e pode ter sido uma mensagem de alegria para Teresinha, e de reflexão para muitos dos que lá estavam presentes.

Logo que entrou para a clausura após a cerimônia, Teresinha foi surpreendida por uma coisa que ela muito amava. Era a neve. Ela viu a neve cobrindo todo o jardim do claustro. Interessante que a temperatura daquela manhã não dava nenhum sinal de neve. Teresinha interpretou o fato como um gesto de incrível delicadeza de seu Bem-Amado. Jesus fez a natureza sorrir e cantar com ela. "A neve de minha vestição pareceu um pequeno milagre. Que bom! Toda a cidade estranhou o acontecimento."

Teresinha agora, com o hábito, é carmelita. O hábito das carmelitas é simples, diríamos, grosseiro: burel e escapulário mar-

105

rons, touca e véu brancos, correia com um rosário, alpargatas de corda. Nada mais. Apenas simplicidade.

O hábito das carmelitas é, por si só, um testemunho. Não significa apenas pobreza. Diz mais. Diz que a pobreza da carmelita é amor à pobreza de Cristo. Diz presépio. Diz vida em Nazaré. Diz vida de mil pequenos serviços. Diz vida com Deus e Deus na vida de todos.

Pena que nem todo o mundo entenda isso!

A NOVIÇA

Carmelita

Teresinha agora é noviça. O noviciado tem normalmente a duração de um ano. Agora, como noviça, Teresinha tem outras funções e deveres. Ela já imaginava o que a esperava no correr deste ano. É ela que diz: "Nenhum sacrifício me pegou de surpresa". Referia-se às muitas privações da vida diária no Carmelo. O certo é que se algum sacrifício a surpreendeu, não a encontrou despreparada.

Quem ama não se surpreende e, mesmo que se surpreenda, vence. Não quero que meu amor seja apenas uma chama; quero que seja o sol. Se o amor é tudo, quero amar como Cristo. Quero que meu amor seja grande para não ter medo de minha pequenez. Esses são alguns princípios que Teresinha anotou para o ano de seu noviciado. Por isso é que sempre se saiu maravilhosamente bem!

Logo após a cerimônia da tomada de hábito, Madre Maria de Gonzaga foi reeleita priora por mais três anos, no dia 13 de fevereiro. Muitos biógrafos veem na Madre Maria de Gonzaga uma mulher inteligente e dotada, mas muito ambiciosa e dominadora. Dão a impressão que ela dirigia a comunidade das Irmãs com mão de ferro. Ai de quem não se dobrasse! Ai de quem ousasse enfrentá-la! Ai de quem quisesse levantar a cabeça!

Até que as Martin entrassem para o Carmelo não havia nenhuma Irmã que, um dia, pudesse estar em condições de substituí-la. Ela veio da aristocracia. As outras Irmãs não tinham "classe". Assim, por várias reeleições ela pôde mandar e desmandar a seu talante. A par das muitas qualidades que tinha, de séria observância, de grande poder de influência, de clarividência nas decisões, e outras mais, era uma mulher difícil.

Não foi uma nem duas vezes que Maria e Paulina tiveram sérios encontros com Madre Maria de Gonzaga por causa dos modos e do rigor com que tratava Teresinha. Elas ainda se julgavam na obrigação de proteger a irmãzinha, como em casa, que não estava acostumada a ser maltratada por ninguém. Nas duas, além do mais, eram os laços do sangue que gritavam bem alto! Era-lhes difícil entender e aceitar que a vida no Carmelo pudesse ser tão diferente da vida que levavam em sua casa, nos Buissonnets, isto é, sem amor nem compreensão.

É raro encontrar um amor à família

igual ao amor com o qual Teresinha sempre amou a sua. Ela entendia a atitude das irmãs em seu favor. Entretanto, embora lhe doesse muito, quis que nada mudasse, e por várias vezes tentou convencê-las a nunca intervir. É como se quisesse dizer-lhes: "Por amor à paz e para amar Jesus em tudo e em todas, evitemos estar sempre juntas".

Quanto a Madre Maria de Gonzaga, mais vezes, em seus escritos, Teresinha fala dela com a mais sincera admiração e fala também da gratidão que lhe dedicava por tê-la feito crescer no caminho da perfeição.

O meu caminho é o amor. Não importa o que ele há de me pedir!

O que importa aprender

O noviciado não é apenas um tempo de aprendizagem. É, sobretudo, um tempo de aprofundamento no espírito da instituição. Por isso a noviça deve dedicar-se ao estudo e à prática das virtudes; esmerar-se na observância das regras; não temer os sacrifícios e renúncias; aceitar ser provada e esquecida; ser pontual aos chamados; exercitar-se na meditação e na prece; rejeitar o espírito do mundo; ter vida de comunidade; viver para a comunidade; buscar a santidade pela fiel imitação de Cristo etc.

Há ainda uma série de outras coisas: de horários para a oração e o silêncio; de prescrições para a ordem do dia; de chamados para pequenos trabalhos e serviços; de reuniões para estudos e tomada de decisões etc. A noviça deve contar também com ordens e coisas que ela não espera.

No tempo de Teresinha dava-se ênfase à observância das regras. A melhor religiosa era a que não faltava aos atos comuns. A maioria das religiosas acreditava que a santidade consistia antes de mais nada em aceitar a dureza das provações e das privações.

Em todos os tempos sempre houve moças que entraram para o claustro com vontade séria de aí permanecer. Ficaram por um tempo, e depois desistiram. Acharam pesada demais a ordem do dia com tantas prescrições e renúncias. Não encontraram dentro do convento o bem que, quando fora, sonharam encontrar.

Teresinha ensina como evitar as decepções. Não é que nada lhe pesasse. Antes, não houve nada que não lhe tenha custado grandes sacrifícios. O que houve de sua parte foi o fato de ter feito uma descoberta.

No Natal de 1886, no dia de sua "conversão", Teresinha ficou contemplando o menino do presépio por um longo espaço de tempo. Depois, enternecida, concluiu: O Natal é Deus que se fez criança. É um mistério. Esse mistério nunca vai ser entendido por ninguém. Mas isso não importa. O que importa é saber que não é um mistério o amor de um Deus que se fez criança. Esse amor é que pode e deve ser aprendido por todos. Esse amor é que eu quero aprender!

Descer como Cristo! Fazer-se pequeno! É por aí que o amor se torna vida. É por aí que a vida se torna plenitude. É por aí que o amor se torna caminho certo que conduz com segurança à perfeição.

O noviciado de Teresinha foi um tempo de morrer. Morrer no sentido de despojamento, de identificação, de abandono, de disponibilidade, de plena doação, de inteira submissão, de radicalidade, de incontida ansiedade, de ser trigo moído, de ser flor escondida. Numa palavra, no sentido de ser só coração para amar.

Poucos dias depois da tomada de hábito, chega ao Carmelo a notícia da recaída do pai. Ah! de novo o seu querido "rei" humilhado! Desta vez o caso foi o de verdadeira loucura. A crise foi incontrolável. O pai, em seu delírio, via coisas espantosas, fantasmas, carnificinas, batalhas, ruídos como estampidos de canhões etc. Um dia chegou mesmo a empunhar um revólver como para se defender de um ataque. Que terrível a humilhação de seu "rei"!

Viram que não havia outro remédio senão interná-lo num hospício em Caen. As filhas só podiam vê-lo uma vez por semana, e naquele estado! "Eu não sabia que nosso querido pai haveria de beber deste cálice tão amargo e tão humilhante. Não há palavras que possam exprimir nossas angústias."

Em Lisieux corriam os mais contraditórios comentários. Uns, cheios de compaixão. Outros, cheios de malícia. As filhas esforçavam-se por acalmar, amparar e consolar umas às outras. A pergunta que lhes vinha mais vezes à mente era esta: Que sentido podia ter tal provação? Que é que o bom Deus podia ainda pedir de nós?

Por causa da doença e da internação do pai, Teresinha ficou quinze meses sem poder ver Celina. Essa dor durou todo o tempo de seu noviciado. Chorou. Que dor nessas lágrimas! Mas todas as lágrimas que seus olhos choraram, o amor do coração as recolheu com cuidado e fez delas o mais valioso ofertório ao Bem-Amado na missa de sua vida!

No tempo da paixão de Cristo, houve a prisão, a condenação, a flagelação, a coroa de espinhos e os escárnios. Mas isso não foi tudo. Faltava ainda o Calvário. Faltava ainda a morte de cruz.

Tudo o que Teresinha sofreu até então foi apenas um trecho do caminho a percorrer.

É bem verdade o que se diz: O Calvário de Cristo foi um lugar; o nosso calvário é o lugar onde Deus nos coloca para servir, é a companhia dos homens. Teresinha não encontrou junto das Irmãs no Carmelo, pelo menos não de todas, o conforto que podia esperar.

Suportar os aborrecimentos da vida em comum; as repreensões injustas e inoportunas; engolir os desaforos; aceitar o mal como paga do bem; aceitar que se leve a mal qualquer palavra que se diz, uma atitude, um sorriso e até mesmo o silêncio; não julgar mal, mesmo vendo o mal que os outros fazem; fazer o bem, mesmo a quem faz o mal; atender e entender, mesmo sem conseguir satisfazer; querer ser tudo para todos e sempre receber tão pouco.

Tudo isso significa calvário! Significa morrer! Teresinha experimentou de todas essas coisas. Ela sabia que em qualquer grupo humano, e até mesmo em qualquer comunidade religiosa, há de todas essas misérias humanas.

Que diria um botão de rosa que, ao querer abrir-se, se visse brutalmente arrancado da roseira e atirado ao chão?

Teresinha queria desaparecer. Foi por querer amar que ela achou que podia ser tratada assim como esse botão de rosa!

Os votos

É depois de um ano de noviciado que a noviça é admitida à profissão dos votos religiosos de pobreza, obediência e castidade. É pela emissão dos votos que ela se torna definitivamente religiosa e, de direito, membro do instituto. Isto é norma comum em todas as ordens e congregações religiosas.

A profissão é um ato público e solene no qual a noviça se compromete a viver pobre, obediente e casta por toda a vida na radicalidade, isto é, ela se propõe e aceita livremente abraçar o estilo de vida de Cristo para fazer-se, em tudo, o mais possível semelhante a ele. Lembra as palavras de Cristo: "Sede perfeitos como meu Pai celestial é perfeito".

As normas do Evangelho valem para todos os cristãos, mas quem faz a profissão dos votos renuncia usar do conforto e dos benefícios da vida presente sem, contudo, menosprezá-los como se não fossem um bem ou como se fossem coisa não querida por Deus. Quem faz os votos, mesmo crendo que os votos não são o único caminho para a santidade, aspira chegar a um grau maior de perfeição. Aceita que é Deus que lhe propõe seguir este caminho para a construção do reino.

Ninguém se faz religioso por própria

vontade. O religioso conhece, de sobejo, o que está dito nos Evangelhos: "Cristo chamou aqueles que ele quis". E também: "Não fostes vós que me escolhestes. Fui eu que vos escolhi a vós".

Teresinha estava ansiosa por esta consagração definitiva. Ser toda de Cristo! Ser vida com ele! Ser amor como o dele. Ser de todos. Ser, de preferência, dos mais pobres. Ser vítima de expiação pelos pecados do mundo. Imolar-se e deixar-se imolar. Ter a vida oculta de Belém. Consolar-se em vê-lo amado. Vê-lo amado nos que o buscam na esperança do perdão. Ver no perdão a alegria da paz. Ver na paz a salvação que, em Cristo, veio ser de todos no amor do Pai e na graça do Espírito Santo.

Tudo isso foi o ideal de Teresinha, mesmo antes de entrar para o Carmelo, e agora este ideal, no fim do noviciado, se transformou em verdadeira e irresistível paixão.

Dez de janeiro seria o dia de sua profissão religiosa. Seria. Não foi. Um dia Madre Maria de Gonzaga, depois de ter conversado com Ir. Paulina, chama Teresinha para uma conversa. Ela estava certa de ouvir a boa notícia de sua admissão aos votos. Estava sem nenhum medo, nem o mínimo, que as noviças costumam ter nesta ocasião quando são chamadas pelas superioras. As duas conversam.

115

— Como se sente o meu "anjo"? Como vai? Está bem? Deus a ama muito. Você o ama?

— É para isso que vim para o Carmelo, Madre.

— Você tem coragem de oferecer-lhe qualquer sacrifício?

— Como não? É isso que vim aprender no Carmelo.

— Que bom! Você tem sido maravilhosa. Deus está muito contente com você. Não tenho nenhum reparo a fazer-lhe. O capítulo já aprovou por três vezes a sua profissão. Estamos apenas esperando a resposta do sr. bispo.

— Bendito seja Deus! (foi o que se pôde ler no brilho de seus olhos).

— Mas... olhe, eu preciso dizer-lhe uma coisa. Talvez você não goste. Ouça-me sem lágrimas, sim?

— Que é, madre?

— O dia de sua profissão deve ser adiado. Não será agora em janeiro como gostaríamos que fosse, mas em setembro.

— Posso perguntar por quê?

— O Pe. Delatroette. Ele não está nada contente. Ele acha que você é ainda muito jovem para tomar uma decisão definitiva. Confesso que não consigo convencê-lo. Que tal um pouquinho mais de paciência?

Havia outro motivo que Madre Maria

de Gonzaga não quis revelar a Teresinha: a doença do pai.

Na oração Teresinha descobriu que seu "desejo de fazer a profissão estava mesclado de um grande amor-próprio", e então ela se entrega ao Bem-Amado, dizendo: "Eu esperarei quanto tempo quiseres. Abandono-me ao amor de teu querer".

Duas coisas ajudaram-na a passar em paz o tempo de prorrogação de sua profissão: A leitura da palavra de Deus e a leitura de textos de S. João da Cruz. Na Escritura leu o trecho do profeta Isaías onde fala do "servo sofredor". As palavras do profeta "formaram todo o fundamento da minha devoção à sagrada Face, ou, para melhor dizer, o fundamento de toda a minha piedade". Dizia às irmãs, referindo-se, além do mais, à doença do pai: "Como queixar-nos quando ele mesmo (Jesus) foi considerado um homem ferido por Deus e humilhado?"

O "Doutor do Amor", S. João da Cruz, preenchia as mais profundas aspirações do ardoroso coração da noviça. Escreveu a Maria: "Eu não conheço outro meio de chegar à perfeição senão o amor. Amar! O nosso coração está feito para isso. Às vezes procuro outras palavras para exprimir o amor, mas nesta terra de exílio todas as palavras não servem para traduzir todas as vibrações da alma, e assim é forçoso ater-se a esta palavra única: Amar!"

Sem beleza nem brilho

A profissão dos votos é precedida por um retiro de dez dias. Teresinha começou o retiro no dia 28 de agosto para terminá-lo em 7 de setembro. De novo, Teresinha passou esses dias sofrendo o martírio da solidão. Ela diz que uma "aridez absoluta e o abandono foram o seu quinhão". Na véspera do dia da profissão foi assaltada por uma dúvida terrível. Chegou a duvidar de sua própria vocação: Será que tenho mesmo vocação para o Carmelo? Não estou querendo enganar todo o mundo? Que sentido tem eu estar aqui?

A ascética cristã fala de dois estados fundamentais da alma no dia a dia da vida religiosa: um de consolação e outro de desolação. "Consolação" significa disposições alegres, elevadas, inspiradas, quando as relações com Deus e a prática das boas obras parecem fáceis, satisfatórias, estimulantes e ardentes. Santo Inácio define a consolação com estes termos: "É um aumento de fé, de esperança e de amor. É uma alegria interior que chama e arrasta o homem para as coisas do céu e para a salvação da alma conferindo-lhe paz e quietude no Senhor e Criador". Quanto à desolação, à aridez e à secura espiritual, o mesmo santo diz: "É a melancolia da alma, a confusão interior, o afeto pelas coisas do mundo, a inquietação provocada pelos instintos e pelas tentações que levam à covardia, à falta de confiança e à tristeza como se a alma estivesse separada do Senhor".

Qualquer cristão poderá passar por estes dois estados, de consolação e de desolação. Dizem que os que aspiram atingir os mais altos graus de perfeição é que mais comumente passam pelo estado de desolação. Todos os santos provaram do cálice amargo da aridez espiritual. De fato, todos os caminhos que levam ao céu necessariamente passam pelo Calvário!

Convém dizer que a consolação não é mérito nem a desolação é indignidade. A consolação não significa progresso espiritual nem a desolação significa infidelidade. Os dois estados são como altos e baixos, são como paisagens nos caminhos do cristão. O que importa é o modo como o cristão se porta!

A consolação pode levar à arrogância e à presunção. A desolação pode levar a complexos de inferioridade, à inveja e ao desânimo. A consolação pode ser um tempo de descanso da alma. A desolação pode ser um tempo de provação da fidelidade ao Senhor.

A aridez do cristão normal em geral se origina da indiferença e da preguiça, dos impulsos naturais não dominados e do apego às coisas terrenas. Essa aridez nada tem a ver com a "noite escura" de que falam os mestres do ascetismo. Esta "noite escura" é descrita por eles como um estado de purificação e de progresso espiritual. A alma em progresso, quando entra numa zona de aridez, sente a mudança como se fosse uma queda num abismo de verdadeira inatividade e afastamento de Deus. Isto constitui um verdadeiro martírio.

Para Teresa esta condição tornou-se pão de cada dia. Lembre-se que ela estava numa idade em que os seres humanos vivem mais intensa e espontaneamente segundo as forças da emoção. Sempre, depois de momentos de intensa claridade que lhe vinham, a escuridão voltava e mais do que nunca se fechava mais opressivamente em seu coração.

O dia de tomada de hábito foi um desses dias de intensa claridade. Ela sentiu de um modo indescritível a presença de Deus em sua alma. Logo depois voltou a desolação. Ela é que fala: "A minha secura aumenta. Tanto o céu como a terra me negam consolação".

Antes do retiro para a profissão, ela escreve: "Nas minhas relações com Jesus não há nada. Apenas secura. Sonolência. Rezem por mim para que estes dias de retiro agradem a Jesus que lê nos abismos da alma". Em carta a Paulina, diz: "Jesus tomou-me pela mão e fez-me entrar num caminho subterrâneo onde não há frio nem calor, onde o sol não brilha e onde o vento e a chuva não penetram; um túnel onde vejo apenas o brilho semivelado dos olhos abatidos da Face de meu Bem-Amado".

Os místicos dizem que Deus costuma atrair as almas de principiantes com "as mais diversas modalidades de consolações". Que é que São Paulo entenderia dizer quando fala do leite materno com que as crianças têm de ser alimentadas?

A cerimônia da profissão se realiza em duas etapas: uma interna, na sala do capítulo; a segunda externa, na presença dos fiéis. A de Teresinha foi nos dias 7 e 24 de setembro.

Teresinha teve de se conformar com o fato de não poder contar com a presença do pai. Acharam não ser prudente trazê-lo do hospício para a cerimônia. "Ó Jesus, amo o que propões, e o modo como dispões!"

Eis o que Madre Maria de Gonzaga escreveu à priora do Carmelo de Tours a respeito de Teresinha: "Uma menina imolou-se ontem em nosso Carmelo. É um anjo de menina de dezessete anos e meio. Tem o juízo de trinta anos e a perfeição de uma religiosa experimentada. É completa no domínio de si mesma. É uma religiosa perfeita. Ontem não houve olhos que não chorassem à vista de sua grande e total imolação".

Se é para aquele que meu coração ama não importa que se levem todas as rosas, e que todas elas, uma por uma, sejam desfolhadas!

Santa Teresinha com hábito de noviça

IMOLAÇÃO

O deserto

O deserto é um lugar de terreno arenoso e seco. A palavra deserto é muito usada na Bíblia. Como lugar geográfico o deserto é, na Bíblia, terra que Deus não abençoou (Gn 2,5). É um lugar onde a habitação é impossível (Is 6,11). Assim, transformar um país em deserto significa torná-lo semelhante ao caos original (Jr 2,6; 4,20-26). O deserto é o oposto da terra habitada, como a maldição é o oposto da bênção. Deus quis que o povo de Israel passasse pelo "grande deserto" antes de entrar na terra onde correm leite e mel (Dt 1,19).

O deserto evoca também uma época da história sagrada em que nasceu o povo de Deus. O simbolismo bíblico do deserto é o da passagem da escravidão para a libertação. A estada no deserto não foi castigo, mas tempo de provação e das maravilhas da solicitude paternal de Deus (Dt 8,2s;15-18).

João Batista proclamou no deserto sua mensagem para reviver o tempo privilegiado, como convite à conversão (Lc 3,10-14). Jesus reviveu a história de seu povo sendo impelido pelo Espírito ao deserto a fim de ser posto à prova (Mt 4,1-11). Durante sua vida usou do deserto como refúgio contra a multidão (Mt 14,13). Ao multiplicar os pães no deserto, Jesus mostrou que o simbolismo do deserto está em relação estreita com o pano de fundo bíblico. Deus leva o homem a superar a provação para entrar em comunhão com ele.

No cristianismo o deserto foi sempre o símbolo da solidão na companhia de Deus, lugar propício à revelação. Em geral tem dois sentidos: o de esterilidade, sem Deus, e o de fecundidade, com Deus. Nos dois casos há o predomínio e a supremacia do espiritual.

Pelo menos desde o tempo de Sta. Teresa de Ávila os Carmelos trazem o nome de "deserto" no sentido de ser um lugar onde Deus é tudo e onde tudo se faz em espírito de união com ele para honra e glória de seu nome. Numa palavra, o lema no Carmelo é este: O Senhor Deus é meu tudo! Não é com outra intenção que a carmelita se faz carmelita.

A vida no Carmelo não é apenas fuga do mundo; não é apenas sossego e tranquilidade; não é apenas ilusão de busca; não é apenas mero sonho de felicidade; não é apenas sujeição à vida de penúrias; não é apenas rejeição de bens e valores humanos; não é apenas anseio de atos heroicos e sublimes. O Carmelo não é nada disso. Muito menos, ele é negação da vida e de tudo o que lhe dá encanto e sentido.

Quem entra para o claustro sem conhecimento da realidade, isto é, sem sincera vontade de deixar-se conduzir pelo Espírito, frustra-se e se decepciona. Deus pode chamar a quem quer que seja, de qualquer jeito. Quem se sente chamado é que não deve responder-lhe de qualquer jeito! Quando Deus chama, a pessoa fica inteiramente livre para responder. Deus não toca na liberdade da pessoa que ele chama. Mas uma vez que a pessoa diz "sim", então toca à pessoa deixar que Deus aja livremente em sua vida, isto é, aja da forma que mais lhe convém.

Parece que Teresinha entendeu logo todo o significado da vida de "deserto" no Carmelo a que, desde a infância, se sentiu fortemente chamada. Sua vocação para o Carmelo amadureceu e desabrochou mais depressa do que o tempo preciso para um botão tornar-se flor!

Todo o tempo de vida que Teresinha passou no "deserto" foi tempo de sublimar. Sublimar no sentido de ver em tudo o que existe e acontece Deus que faz partilha com o homem de todas as graças e do amor infinito que ele eternamente é. Seu amor é infinito tanto numa gota de orvalho como na imensidão dos mares; tanto numa pétala de rosa como nas rosas de todos os jardins; tanto nas horas de alegria como nas horas de dor mais intensa; tanto nas trevas como em todo o esplendor da luz do sol; tanto numa folha que cai como na força que sustenta o universo. Nada existe que não seja manifestação do amor de Deus e que não seja, ao mesmo tempo, convite para amar.

Teresinha investiu todos os seus esforços na prática das virtudes e no amor às pequenas coisas. Fazia-as com meticulosa fidelidade, mesmo sem sentir o mínimo gosto e consolo. Às vezes vinha o desânimo, mas não se entregava. Parece que tinha sempre em mente este pensamento: "É preciso pôr óleo na chama para que ela nunca se apague!" Às vezes vinha uma vontade louca de fugir e de sumir, mas o pensamento no Bem-Amado a fazia permanecer e oferecer-se.

As notícias do estado de saúde do pai, que Leônia e Celina lhe traziam, não davam nenhuma esperança de ele voltar, um dia, para Lisieux. Até no Carmelo o nome do pai era falado em cochichos como se se tratasse de um pobre maluco e de um homem desonrado.

126

Sofreu o frio. O inverno de 1890 a 91 foi horrível. Ela chegou a dizer: "Pensei que ia morrer de frio". Não saía de perto das Irmãs mais idosas e doentes como se a cada instante qualquer uma delas precisasse de seus serviços. Fazia o que faz quem se deixa orientar e guiar pelo amor. É que o amor sempre se faz presente onde existe uma dor. É que o amor, quando é para fazer o bem, tem pressa e vê urgência. É que a presença do amor sempre é bálsamo para qualquer dor!

Não comentar casos que, não raro, estremeciam a vida de comunidade; não defender-se de acusações injustas; comer restos de comida que as Irmãs refugavam; ver sem dar nenhum sinal de desaprovação os maus exemplos dados até pela priora na quebra do silêncio e de outros pontos da regra; suportar as implicâncias de algumas Irmãs, principalmente de Ir. Marta que não lhe dava sossego; sorrir cada vez que lhe diziam ironias e afirmavam que seu jeito de ser não era amável, mas pura "afetação" e vontade de aparecer.

Tudo isso era coisa que Teresinha aceitava não apenas uma ou outra vez. Mas ordinariamente. Por querer amar sempre é que ela se propôs nunca dizer "não" a seu Bem-Amado. São palavras suas: "Não sou capaz de fazer coisas extraordinárias que há na vida dos grandes santos. Por isso contento-me em fazer sempre com fidelidade e com a maior medida de amor todas as coisas pequenas de meu dia a dia".

Teresinha não tinha sangue de barata. Muitas vezes teve de lutar muito para não explodir. Como lhe foi difícil dominar o instinto natural de raiva que mais vezes lhe vinha à tona! Que vontade tinha de dizer a certas Irmãs: Malvadas!

A estampa da Sagrada Face que ela sempre trazia em seu livro de orações lembrava-lhe a passagem do tempo da paixão de Cristo em que os soldados, cobrindo-lhe o rosto ferido, perguntavam, zombando: "Adivinha quem foi que te bateu?"

As fontes

É muito difícil compreender que Teresinha tivesse conseguido chegar a um grau tão elevado de renúncia no meio de uma constante aridez espiritual. Alguém poderia perguntar como isso foi possível. A resposta está na sua obstinada fidelidade. Esta fidelidade ela continuamente alimentou pela recordação dos dias felizes de sua vida. Foi pela certeza da verdade que a fidelidade lhe ficara enraizada no espírito, certeza tão firme que já não precisava de nenhum outro sinal de coragem. Sua vida interior já não precisava de "razões para viver". Sua fidelidade era uma entrega total e plena à fé jurada. Gostava de refletir nas palavras de Jó: "Mesmo que Deus me matasse, continuaria a confiar nele". Via nessas palavras uma das maiores e mais belas expressões da esperança cristã.

Teresinha normalmente traduzia seu estado de espírito com esta simples expressão "Jesus está dormindo". Ele dormia na barca quando a tempestade surpreendeu os apóstolos; dormia como dorme uma pessoa cansada na casa de um amigo; ele era a criança que dormia, e ela era o brinquedo que, ao lado, vigiava.

Centenas de vezes Teresinha usou de expressões extremamente infantis para consolar-se do silêncio de Deus, deste tipo de silêncio que podia ter levado outras almas, mesmo menos vulneráveis e menos sensíveis, ao desespero.

Que demonstração de confiança — pensava — quando o Senhor abandonou as boas ovelhas no deserto para sair ao encontro da que estava perdida! Isto significa que ele sabia que elas não fugiriam!

Que bom que o Senhor "não fizesse barulho" à sua volta! "Raramente as almas o deixam ficar em silêncio dentro delas. A sua agitação e todas as suas exigências cansam tanto o bom Mestre que ele agora está muito satisfeito por gozar do descanso que eu lhe dou." Depois, acrescenta: "Se o meu Jesus parece esquecer-se de mim, que o faça, pois eu já não me pertenço, mas só a ele. Ele há de se cansar mais depressa de fazer-me esperar do que eu de esperar".

As leituras habituais que se faziam à mesa no Carmelo, e em particular, não eram sempre de bom nível intelectual. Havia, sim, muitos livros bons. Alguns, porém, eram vazios e demasiadamente fantásticos. Teresinha não se deixou influenciar por nenhum tipo de leitura fantástica. Manteve-se sempre inalterável na sua estrutura mental a despeito de todas as influências externas, mesmo as mais preciosas.

A "Imitação de Cristo" foi o seu livro de bolso. Digamos que foi o livro do tempo. Não havia convento que não o possuísse. Teresinha pautou sua espiritualidade segundo a sabedoria e os ensinamentos deste pequeno e precioso livro de Tomas de Kempis.

Interessante é observar que Teresinha tenha feito poucas referências à grande Santa Teresa de Ávila. Foi em S. João da Cruz que ela mais se inspirou para maior aprofundamento de sua espiritualidade. Leu: o "Monte Carmelo", o "Caminho da Purificação", a "Noite escura da alma", o "Cântico Espiritual", a "Chama do amor" e outros poemas e canções. A mestra de noviciado testemunhou que a noviça Teresinha falava com surpreendente maturidade e clareza da extremamente difícil mística deste grande Mestre. De fato, é de pasmar!

Mas a Bíblia foi a grande descoberta de seus anos no Carmelo. Era fato típico do catolicismo do tempo não ter a Bíblia em casa. Foi no convento que Teresinha, rezando e meditando diariamente a Bíblia no Ofício Divino, descobriu ser ela um imenso tesouro. Este imenso tesouro abriu-se todo para ela, e no meio de seu desamparo e aridez, a Bíblia foi o anjo que Deus lhe concedeu para ser o guia de seus passos. Diz ela: "As Escrituras sempre me proporcionam luzes novas que me fazem ver os mistérios mais ocultos". E ainda: "Já não encontro nada nos outros livros. Os Evangelhos me bastam. Por exemplo, não está tudo contido nestas palavras do Senhor: 'Aprendei de mim que sou manso e humilde de coração' (Mt 11,29)? Como é bom aprender quando quem fala é o próprio Jesus!"

Vendo a biblioteca do convento, um dia, disse a uma Irmã: "Como foi bom para mim não ter lido todos esses livros. Teria apenas torturado minha cabeça e perdido tempo de amar meu Deus". Essas palavras são uma clara influência da "Imitação de Cristo" que condenava o "conhecimento vão e mundano". Foi este texto que seguramente a fez conter-se no período da vida quando sentiu uma fome incontida de ler.

Teresinha lançou-se de corpo e alma à leitura da Palavra de Deus. É verdade que algumas citações que faz em seus escritos não são sempre corretas, mas também é certo que Teresinha cita e sabe quase todo o Evangelho de cor. Em seus escritos mostra grande familiaridade com os Atos dos Apóstolos, as Epístolas, o Apocalipse e alguns livros do Antigo Testamento. Cita trechos do Pentateuco, dos Reis, dos Provérbios, do Eclesiastes, dos Profetas, de Tobias, de Ester e com mais frequência do Cântico dos Cânticos e dos Salmos.

O Deus de Teresinha era o Deus das Escrituras. O Antigo Testamento é a revelação da sublimidade, do poder e da majestade do Pai. O Novo Testamento é o Pai que revela, em Cristo, o Salvador do mundo. Gostava de repetir: "Como é bom que Deus exija de nós que o amemos. De outro modo, como ousaríamos fazê-lo?"

Vale a pena lembrar um fato. No tempo em que viveu o momento mais crucial de sua "noite escura", acabou chorando ao ver uma galinha branca reunindo os pintainhos. Lembrou as palavras de Jesus falando do cuidado com que a galinha acolhe debaixo de suas asas os pintainhos para aquecê-los e protegê-los. Jesus quis dar uma ideia da afeição de Deus por nós. "Chorei — escreve ela — pois sempre me senti abrigada debaixo de suas asas."

As imagens de Jesus e de Maria com expressão açucarada, conforme apresentava o espírito da época em contraposição ao jansenismo, não lhe agradavam em nada. Antes o que lhe fazia bem era lembrar Jesus com outra feição, a de sofredor: "Jesus chora... Jesus pede-nos almas... Jesus está impaciente de entrar em nossas almas... Jesus deve ser consolado... Façamos de nosso coração um tabernáculo onde ele possa descansar... Quem compreende as lágrimas de Jesus?"

O Jesus de Teresinha era o Jesus "servo sofredor", misericordioso, acolhedor, que sai em busca do pecador, que perdoa, que espera e recebe com festas o filho pródigo. É o Jesus que transmite vida e leva ao amor do Pai.

Quanto à Virgem Maria, Teresinha diz com sinceridade: "Todos os sermões que ouvi sobre Maria me deixaram impassível. Para um sermão sobre a Virgem Maria dar frutos teria de mostrar a sua vida real, e não uma vida imaginária. É lógico pensarmos que sua vida real em Nazaré, e depois, foi muito vulgar... Deviam dizer que ela, como nós, vivia pela fé e que sua fé foi duramente provada como se pode ler nos Evangelhos: "Eles não entenderam as palavras que lhes disse", e ainda: "Seu pai e sua mãe estavam admirados com as coisas que dele se diziam" (Lc 2,50). Não acha que esta admiração também exprime espanto? É ainda Teresinha que fala: "Não é certo que ela não tivesse tido dores físicas". Sofreu em suas viagens; sofreu frio, calor e cansaço; sofreu a fome dos jejuns; sofreu a monotonia das ocupações e preocupações nos trabalhos da casa em Nazaré etc. De mais a mais, quanto teriam doído em seu coração e no de São José as troças, os risos, a incredulidade, a inveja e o ódio dos homens de seu tempo e dos chefes do povo!

Devemos falar de Maria de um modo que as pessoas a amem. Para falar de Maria com acerto é preciso falar de sua fidelidade em cumprir o compromisso que ela assumiu aos pés da cruz de amar todos os homens com o mesmo amor com que amou Jesus. É nisso que todos nós podemos imitá-la. Faz bem pensar no que disse Jesus: "Meu pai, minha mãe, meu irmão é todo aquele que faz a vontade de meu Pai que está no céu!" (Mc 3,35).

Missão

Sofrer só por sofrer é loucura. Maior loucura é sofrer por não querer amar. Teresinha sempre teve como missão especial sua, de carmelita, salvar almas e rezar pela santificação dos sacerdotes. Houve um tempo em que ela sonhou ter o zelo e o ardor dos grandes missionários da Igreja, e ser atuante como eles no meio do povo. Queria anunciar a todo o mundo a salvação que nos veio pela morte e ressurreição de Cristo. "Urge falar — dizia — a todos os homens que Deus os ama, e convencê-los a corresponder-lhe com uma vida de amor."

Achava que a missão de uma carmelita é formar operários para a messe do Senhor pela oração e pelos sofrimentos. Escreveu a Celina: "Jesus quer que você comece logo sua missão e que pelo sofrimento salve almas". Não entendia ser carmelita sem ter o espírito missionário de Jesus, de bondade e de amor pelos pecadores. Ser missionário não é só falar de Jesus com sabedoria. É, sobretudo, saber não se pertencer mais a si mesmo. "Compreendi — escreveu — que minha missão no Carmelo não era coroar um rei mortal, mas fazer com que o amor seja amado."

A carmelita pode ajudar os missionários rezando para que sua pregação tenha eficácia e produza frutos como semente que cai em terra boa. Não há nada que uma carmelita faz que não seja anotado no livro da vida. Se ela o fizer com amor, então, todos lucram: pregador e ouvintes da palavra!

Durante sua viagem a Roma ela viu umas tantas coisas pouco edificantes da parte de alguns sacerdotes novos que participaram da peregrinação. Como nunca ouvira falar mal de padres em sua casa, e só conhecia padres de sua comunidade paroquial, não podia imaginar que padres pudessem portar-se tão mal, com modos tão chocantes, e pudessem retratar misérias humanas do modo como ela viu. Ela os tinha todos em alto conceito de santidade. Ela os imaginava "anjos".

Agora, já como carmelita, ouviu falar de um padre que abandonara o sacerdócio e a Igreja. Era o Pe. Jacinto Loyson, um grande pregador de Notre Dame em Paris. Ele, além de abandonar a Igreja, casou-se com uma protestante. Depois percorreu a França fazendo palestras em defesa de suas teses. A imprensa não deixou por menos e noticiou o caso "do monge renegado" com alarde. O escândalo explodiu como uma bomba. Os jornais, sem dó, transformaram-no num terrível e temível apóstata da fé.

Teresinha sentiu uma dor muito grande em seu coração de missionária, e teve pena.

Seu primeiro pensamento foi o de conseguir de Deus para ele a graça da conversão. Não deixou de chamá-lo "irmão". Dizia à Celina: "Não nos cansemos de rezar por ele. A confiança faz milagres". Rezou por ele o tempo todo. Até a última comunhão de sua vida foi feita na intenção do Pe. Loyson.

"As almas! Não esqueçamos as almas. Esqueçamos, sim, a nós mesmas por elas..."

Nenhum missionário, por mais que saiba e por mais eloquente que seja, nada conseguirá se não for homem de oração. Rezar é conversar com Deus amando. Vale especialmente para o missionário o que vale para qualquer cristão: Não saia ao encontro dos homens sem antes ter uma conversa com Deus pela oração!

Deus escuta tudo o que lhe dizemos, mas ele só atende a oração daquele que reza com humildade. Quem não conhece, do evangelho, o caso do fariseu e do publicano que foram ao templo para rezar? Um, só se exaltou. Por isso saiu sem receber nada. O outro, humilhou-se. Por isso recebeu a alegria da paz e do perdão.

Cristo foi o missionário por excelência. O povo que se admirava da doutrina que ele pregava dizia, ao mesmo tempo, que ele era um homem bom. Bom no sentido de atender a todos os que vinham a ele. Pois bem, Cristo, esse homem bom, nunca deixou de rezar ao Pai antes e depois de suas atividades missionárias. Que se salvem todos os que me confiaste! Foi ainda o missionário Jesus que disse a Pedro: "Vou rezar ao Pai para que você não caia!" Que momento feliz quando os discípulos pediram a Jesus que lhes ensinasse a rezar!

O lado mais bonito da vida missionária de Teresinha foi o seu espírito de oração. Via na oração uma necessidade imperiosa. O "convém rezar sempre e nunca deixar de fazê-lo", ela o tomou ao pé da letra. Contudo, a oração nunca lhe foi fácil. Durante todos os anos de sua vida no Carmelo sua oração foi "cavada". Nunca foi água pura, vinda da fonte. Nos seus retiros, secura. Nas orações no coro, secura. Nos momentos livres de rezar, secura. Até para rezar, sofreu. Mesmo assim, sempre rezou. Rezou para ter vida com Deus. Rezou para, em Deus, ser tudo para todos.

O espírito missionário de Teresinha levou-a a incluir todos em suas orações. Pouco vale a oração de quem só pensa em si! Teresinha acreditava que Deus não atende a oração de quem nunca pensa nos outros. Os outros são todos. Bons e maus. Justos e pecadores. Grandes e pequenos. Na graça e na desgraça.

São palavras suas nas cartas: "Rezar pelos pecadores encantava-me". "A oração e o sacrifício são as armas invencíveis que Jesus me concedeu para tocar as almas. Eu já tenho feito experiência disso." "É pela oração que os santos levantam o mundo dos caídos mais depressa do que se levanta uma casa que cai." "O apostolado da oração é, por assim dizer, mais elevado do que o apostolado da palavra."

Contam os Evangelhos que, certa vez, os discípulos voltaram da pregação decepcionados e tristes por não terem conseguido nada. Jesus só lhes disse uma coisa: Rezem.

Na verdade, para certos casos e situações o remédio mais eficaz e talvez único é a oração!

Um retiro diferente

Teresinha dizia que Celina era "metade de meu coração". Celina já estava com 22 anos. Tornara-se um encanto de mulher. Estava linda. Não admira, pois, que mil olhos olhassem para ela e que mil jovens de sua idade sentissem o coração pulsar fortemente por ela. Além do pedido de casamento do procurador Henrique Maudelonde, vieram mais quatro outros pedidos.

Celina, sem contar para as irmãs, no dia 8 de dezembro de 1889, fez o voto privado de castidade com o propósito de fazer-se religiosa. Mas o voto não a dispensou de sofrer. Viu seu coração tremendamente sacudido como um barco em águas revoltas. Além das preocupações pela saúde do pai, da saudade das irmãs, da carência de afeições e problemas de afetividade etc., havia a perseguição dos pretendentes. Como sofreu a pobre Celina!

Teresinha estava apavorada. Ela — como se diz — não deixou os anjos descansar um instante. Eles deviam continuamente ir e vir do céu para levar orações, e trazer para ela, por intimação, a graça que pedia a Deus, de Celina não se casar.

Com a preocupação do caso de Celina veio o tempo de mais um retiro espiritual em outubro de 1891. Para os retiros das Irmãs, os pregadores eram todos do mesmo estilo. Os temas eram os de aterrorizar. Em vez de explicar citações de textos que tiravam das Escrituras, complicavam a vida de quem os ouvia. Por exemplo, a frase: "Ninguém sabe se é digno de amor ou de ódio". Esta frase, jogada ao ar sem a devida explicação, apenas confunde e atordoa.

Teresinha experimentou essa confusão e atordoamento em outros retiros. Ela diz de um retiro que fez: "Passei por toda a sorte de grandes provações interiores e cheguei mesmo a perguntar a mim mesma se havia um céu". É como se quisesse dizer: Como posso tornar-me santa se o pecado me ameaça de todos os lados?

Sabe-se de uma Irmã da comunidade que, depois de confessar-se, foi ter com a priora e lhe disse, em prantos: "Madre, o capelão disse que eu estou com um pé no inferno, e que, se continuar assim, em breve o outro também estará lá!" A Madre Maria de Gonzaga, para tranquilizá-la, apenas disse: "Não se preocupe. Eu já estou com os dois pés lá dentro". Na verdade, o Pe. Youf, o capelão, era um verdadeiro fabricante de escrupulosos.

O retiro deste ano parecia a Teresinha que não seria diferente dos outros. O pregador convidado tinha fama de ser mais vendaval que derruba árvores do que brisa que brinca com flores!

O pressentimento de Teresinha tinha fundamento, mas, desta vez, não passou de pressentimento. Deus dispôs de outra forma. O padre que devia vir não veio. Veio um outro, o Pe. Alexis Prou, um franciscano. Para Teresinha ele foi o máximo. As Irmãs pensavam que ele não seria bem-sucedido, pois era conhecido mais como pregador de multidões.

Não parecia talhado para almas de escol como elas, de alto nível espiritual.

Teresinha foi a única Irmã que viu nele uma luz. Impressionou-se deveras. Era tão outro! Era tão do fervor dos santos! Era tão da paz de quem sempre é bom! Era tão do espírito de Jesus!

Ouvir o que ele dizia era coisa parecida com o gosto da fruta de que a gente mais gosta; era coisa parecida com a alegria de quem recebe braçadas de flores e rosas; era coisa parecida com o enlevo ao som das mais lindas canções; era coisa parecida com a felicidade que toda, dos sentidos, passa definitivamente para o coração.

O que Pe. Prou falou sobre o abandono de si mesmo, sobre a graça, a misericórdia, o perdão, a confiança, o amor etc., calhou com os seus sentimentos e aspirações. Teresinha sentiu-se "compreendida de maneira maravilhosa e até adivinhada". Depois de conversar com o Pe. Prou, ela pôde dizer: "Minha alma parecia um livro aberto. Ele podia ler melhor do que eu. Ele me lançou de velas enfunadas sobre as ondas da confiança e do amor às quais eu mesma não ousava atirar-me".

Teresinha entendeu o Pe. Prou. Em resumo, ele quis dizer: Deus nunca deixa de nos amar! Fantástico! Este tipo de pregação é que deve ser feito em todos os púlpitos do mundo!

O Pe. Prou voltou mais vezes ao Carmelo para atendimento às Irmãs. Só Teresinha é que nunca mais pôde aproximar-se dele para uma conversa nem mesmo para a confissão. A priora proibira-lhe. Não se sabe o porquê. Só se sabe que tal proibição ia além das atribuições da Madre priora. Teresinha obedeceu.

Até hoje há nos conventos pessoas, inclusive superiores e superioras, que abusam do poder e que, parece, sentem gosto em fazer os outros sofrer. Se não houver já nesta vida nenhuma cobrança, é certo que na outra haverá surpresas!

Até o Pe. Delatroette

Em 5 de dezembro de 1891 morre a fundadora do Carmelo de Lisieux, Madre Genoveva de Santa Teresa. Morreu com 87 anos, depois de um longa agonia. Chegou a celebrar 60 anos de vida religiosa no Carmelo. Todas as Irmãs consideravam-na santa. Quando Teresinha entrou para o Carmelo, Ir. Genoveva estava com 83 anos. Ela logo se encantou com os exemplos de mansidão, discernimento e bondade da Madre

Genoveva. Diz que para ela sua vida foi uma graça inapreciável. Sua vida foi santificada por virtudes escondidas e ordinárias. Era Jesus que vivia nela e a fazia agir e falar as coisas mais edificantes como: "Nosso Deus é o Deus da paz!" Foi Teresinha que enxugou-lhe as últimas lágrimas. Num sonho Teresinha ouviu Madre Genoveva dizer-lhe por três vezes estas palavras: "Para você, Teresinha, eu deixo o meu coração". Daí ocorreu-lhe um pensamento que serve para quem quer que seja: Só uma coisa não envelhece por mais depressa que passem os anos. É o amor!

No inverno de 1891 e 1892 uma gripe terrível invadiu toda a França. Duas Irmãs morreram. As outras, menos três, foram parar na enfermaria. Entre as que escaparam da gripe estava Teresinha. Com a gripe cessou toda a movimentação no claustro. Nada de sinos. Nada de atos comuns. Nada de ofícios, refeições e recreação em comum. Toda a vida do Carmelo ficou transtornada. Foi o pânico.

Teresinha, que sempre fora tida como lenta, acomodada, desajeitada e desinteressada, pôde provar o contrário. Que não era nada do que diziam dela. Agora estava livre para servir. Foi o amor lhe deu coragem e forças incríveis. Agiu durante o tempo todo como se seu corpo não fosse de gente que se cansa. Qualquer Irmã poderia ter dito nesta ocasião:

"Se Deus tivesse mandado um anjo do céu para nos servir, ele não se sairia melhor do que Teresinha!"

Quem estava por dentro de tudo o que acontecia no Carmelo era o superior, Pe. Delatroette. Foi então que ele pôde conhecer a fundo quem era Teresinha, a menina que ele, durante quatro anos, rejeitou para a vida no Carmelo. Ela estava agora com 19 anos. Certamente não foram os anos que lhe deram agilidade e presteza. Foi o amor. Emocionado, do coração lhe veio esta exclamação: "Meu Deus, como eu me enganei!" Mais tarde ele faz esta confissão: "Ela é uma grande esperança para esta comunidade".

Mesmo dizendo estas palavras de elogio a Teresinha, Pe. Delatroette continuava enganado. Não foi só para a comunidade do Carmelo de Lisieux que Teresinha foi uma grande esperança. Ela, ainda hoje, é esperança para todos os Carmelos do mundo e para todo o mundo. É que a esperança que vem do amor não tem dimensão de tamanho nem de tempo!

A última visita

Dia 12 de maio de 1892. Batem à porta do Carmelo. Era gente da família de

Teresinha. O tio Isidoro fora buscar o pai de Teresinha no manicômio de Caen. Fazia quatro anos que ele estava internado. Em momentos de lucidez, queria ver as filhas. Seu desejo pôde ser satisfeito. Pois bem, era ele que estava agora no locutório do Carmelo.

As filhas vieram. Que tristeza ver o estado do pai! Estava magro, pálido, com ares de um verdadeiro coitado. Estava lúcido, mas não podia dizer palavras. Ele apenas ouvia, e as filhas, não se sabe o que se passava em seus corações.

Quanto a Teresinha, num instante, através das lágrimas, ela viu o filme de todo o alegre e ditoso passado de seu "rei". Viu-o brincando com ela, bonachão, pescando, olhando o céu, ajoelhado, a sorrir, pondo-a ora no colo ora no balanço, pedindo-lhe um beijinho, fazendo-se criança com ela, fazendo-lhe os mínimos gostos, passeando pela praia e pelos campos, chorando no adeus da despedida, levando peixes e presentes ao Carmelo, preparando o vestido de noiva de sua "rainha".

Ao ver todo esse filme, e ao ver agora o pai neste estado, Teresinha, como inspirada, teve forças para fazer esta oração: "Muito obrigada, ó Deus, pelo bom pai que nos deste. Pudemos ver nele uma imagem do amor que tens por todos os homens!"

Ao sair do locutório, o pai, apontando para o alto com o indicador, apenas conseguiu dizer uma palavra: "No céu". Celina continuava com Leônia a cuidar do pai na casa dos Guérins. Esperava o tempo passar para decidir-se em definitivo sobre sua vocação. Teresinha não deixava de escrever-lhe sempre que podia.

Depois que o pai se foi, Teresinha ainda em pranto procurou um pensamento de consolo. Achou. Foi um pensamento que diz uma verdade: Toda a felicidade deste mundo não é nada se a comparamos com a felicidade do céu que esperamos!

A Priora Paulina

A PRIORA PAULINA

Por causa da doença das Irmãs no Carmelo, o mandato de Madre Maria de Gonzaga foi prorrogado por um ano. O tempo passou. Bem que ela desejava continuar mandando, mas, por regulamento, devia ser substituída. Quem iria ocupar o seu lugar?

A votação no Carmelo costuma ser secreta. Cada voto deve ser dado, em consciência, a quem, de fato, tem as melhores condições de dirigir a comunidade. Esta regra do voto é antiga. Sempre foi assim. Hoje ainda é assim, e sempre há de ser assim.

Mas também nos institutos religiosos, em tempo de eleição, há sempre um pouco de política. Por incrível que pareça, há institutos em que essa política costuma ser, da parte de muitos, meio suja. Dizer isso não constitui nenhuma novidade. Pois no que os homens ficam sem aprontar das suas? Assim, se há os que votam com seriedade para escolher, entre muitos, um que ofereça as melhores condições de dirigir a comunidade, há também aqueles que procuram influenciar com o fito de excluir, entre todos, apenas um. Aí entra um pouco de tudo: jogo de interesses, esperteza, manipulação, conversas etc. Isto é uma tristeza, mas não dá para viver sem esta tristeza onde há homens!

A fome de poder, em muitos, é maior do que a fome de pão nos famintos. Só saberá usar do poder quem aprende a descer como Cristo. Ele deu o exemplo. Fez-se pequeno. Abaixou-se para o lava-pés. É dele este ensinamento: "Quem se faz o primeiro, que seja para servir!"

Parece que Madre Maria de Gonzaga desconhecia esses princípios do Evangelho, e se os conhecia não os praticou. Procurou influenciar o mais que pôde na escolha de sua substituta.

Foi eleita a irmã de Teresinha, Paulina, a Irmã Maria Inês. A intenção de Madre Maria de Gonzaga com esta eleição era a de continuar mandando. Mas isso não foi possível. Numa palavra, Paulina teve de fazer mil ginásticas para ela mesma ser a priora, não outra nem com outra, fosse quem fosse.

As pessoas que vieram cumprimentar a nova priora no locutório só a viram chorar. Além da emoção, tinha outras razões. Era relativamente nova, inexperiente e, de sobejo, conhecia a ex-priora. De mais a mais, os votos foram divididos. Com isso parte da comunidade iria provavelmente criar-lhe umas tantas dificuldades.

Teresinha não deixou de dirigir à sua irmã, já Priora, palavras de felicitações, e disse-lhe numa carta: "Hoje Nosso Senhor a consagrou. Posso, de novo, chamá-la de 'mãe' num sentido mais profundo. Oh, como este dia é lindo para a sua filha!" Depois, acrescenta na mesma carta: "Sem dúvida, você irá sofrer muito..."

De fato, como foi difícil manter a autoridade diante da influência da ex-priora! Os choques foram inevitáveis entre as duas "personalidades". Inevitáveis e frequentes. É verdade, sim, o que se diz: Quem se vicia no mando, se não perde toda a sensibilidade do coração, perde a maior parte dela.

No tempo de Paulina

Paulina procurou um jeito de acomodar a situação. Para evitar maiores dissabores e para garantir a paz dentro do convento, resolveu nomear a ex-priora como mestra de noviças. Ela aceita. Entretanto, Madre Maria de Gonzaga muito se surpreendeu com uma atitude inesperada tomada pela nova priora. Qual? Logo depois de nomeá-la mestra, Paulina toma a iniciativa de nomear Teresinha como sua ajudante. Madre Maria de Gonzaga viu logo que Paulina não era pessoa que facilmente se deixa conduzir nas decisões.

A ex-priora não pôde evitar a desconfiança. Com a desconfiança veio também um insuportável mau humor. Encarou a nomeação de Teresinha como um prato difícil de engolir. Pensou: Teresinha é alguém que deve vigiar-me e controlar-me. No meu modo de ver, isto é incrível!

Pode ser que a intenção de Paulina tenha sido mesmo esta, mas não necessariamente. Teresinha não foi nomeada para mandar. Seus exemplos valiam mais do que ordens!

As duas noviças não facilitaram em nada o trabalho de Teresinha. Uma já lhe era suficientemente conhecida, a Irmã Marta. A outra, Irmã Maria Madalena, era um mistério. Era de um espírito fechado a sete chaves. Difícil de deixar-se conhecer. No trato com ela era preciso ter, além do bom senso, muita paciência.

Além de ser ajudante de mestra, Teresinha foi encarregada de pinturas, da confecção de imagens e das festas no convento. Foi nessa ocasião que estreou compondo versos e poesias. O ensaio não foi grande coisa. Só mais tarde é que Teresinha se destacou em compor versos maravilhosos, com o sabor de muita arte e de profunda espiritualidade.

Houve uma profunda transformação em Teresinha depois que sua irmã se tornou priora. Nunca lhe passou pela mente a ideia de se aproveitar da situação. Sua vida corria dentro da normalidade. Apenas ela se sentiu mais livre para desenvolver seus talentos e mostrar o lado bom e agradável de seu temperamento. Mudou até o tipo de letra. Deixou o jeito de escrever inclinado como a "professora" ensinara em casa para adotar a escrita em pé. Diz uma testemunha: "Ela é capaz de fazer a gente chorar de devoção e, ao mesmo tempo, de fazer a gente morrer de risos nas horas de recreio".

No verão de 1893 acharam melhor levar o pai de Teresinha da cidade de Caen para o castelo de La Musse. Aí a vida podia ser-lhe mais suportável. No campo havia mais calma e tranquilidade, e a natureza oferecia-lhe mais beleza e ar mais puro.

Desta vez Leônia não quis ir com o pai e Celina. Isto pareceu estranho. É que ela, depois de um retiro na Visitação de Caen, voltou com o firme propósito de fazer uma nova tentativa para a vida religiosa. Paulina e Teresinha apoiaram logo a sua idéia.

Celina é que teve de sofrer, e muito. Agora restava só ela para ficar com o pai. Numa carta ela diz: "Não tenho mais ninguém neste mundo. Em mim e ao redor de mim tudo se fez vazio. Por um momento cheguei a considerar-me o último destroço da família. Oh, a vida pareceu-me tão triste, tão triste!"

A conselho de Paulina, Teresinha intensificou sua correspondência com Celina. Na verdade, era preciso ajudá-la. Foi buscar inspiração nos Evangelhos. Numa de suas cartas Teresinha lhe diz: "Celina, como é fácil agradar a Jesus. Basta amá-lo sem olhar para si mesma. A tua Teresa não anda nas alturas, mas Jesus a ensina a tirar proveito de tudo, do bem e do mal que ela encontra em si mesma. A tua Teresa toca abandonar-se, entregar-se sem nada querer para si. Jesus ensina-me a não recusar-lhe nada e a ficar satisfeita quando ele me dá uma ocasião de provar-lhe que o amo. Isto se efetua no abandono e na paz. Que bom!" Numa resposta às cartas de Teresinha, Celina diz: "A tua carta é um alimento para minha alma".

Conforme o costume da época, depois de três anos de profissão a carmelita deixa a residência do noviciado. Teresinha pediu uma exceção. Quis ficar definitivamente residindo no noviciado. Paulina acedeu vendo conveniência neste fato. Residindo no noviciado, ela poderia mais facilmente orientar e encaminhar as duas noviças que lhe foram confiadas.

Há uma frase de Teresinha deste tempo que faz pensar. É a seguinte: "A dor mais amarga é a de não ser compreendida".

Há uma espécie de amor que, com acerto, pode ser chamado incompreensível. Incompreensível é o amor de quem aceita não ser compreendido. É o caso de Teresinha. Ela aceitou não ser compreendida por muitas das Irmãs. Ainda havia no convento Irmãs que diziam que ela era uma menina que entrou para o Carmelo só para se divertir.

Em janeiro de 1894 o papa Leão XIII autorizou a introdução da causa de beatificação de Joana d'Arc. Desde a infância Teresinha tinha grande admiração por esta jovem mártir, de 19 anos. Gostava de chamá-la "sua querida irmã". Seu primeiro ensaio teatral foi uma encenação da vida desta santa, "A pastorinha de Domremy". Ela frisou na peça o terror daquela "menina" atraída pela solidão e pela oração, a quem o anjo São Miguel entrega uma espada dizendo: "É preciso partir!" Teresinha desejou ser como Joana d'Arc. Ter a sua glória. Morrer mártir como ela. "Mas — diz — Jesus quis de mim o martírio do coração."

Morre o pai

Teresinha começou a sentir umas dores de garganta em consequência da poeira e das emanações da lavagem de roupas e louças. Aplicações de nitrato de prata não surtiram efeito. Depois vieram umas contínuas dores no peito. Os familiares ficaram preocupados. Paulina não teve coragem de chamar o médico da família, um primo, o Dr.

Francis La Néele. O médico oficial da comunidade era o Dr. Cornière, grande amigo de Madre Maria de Gonzaga. Os ciúmes da ex-priora deixaram Paulina um tanto sem ação, em apuros. As dores de garganta foram-se prolongando por meses. Que fazer, meu Deus? Eis como Paulina se expressa: "Foi Madre Maria de Gonzaga que trabalhou para minha eleição. Entretanto ela nunca pôde tolerar que eu assumisse toda a autoridade. Quanto sofri e chorei nestes três anos!"

Depois de muitos sofrimentos precedidos, nos últimos dias, de ataques violentos, paralisia do braço esquerdo, perda dos sentidos, o "rei" caminhava para o fim. Recebe a unção dos enfermos. De volta ao campo de La Musse, aí, o dia 29 de julho foi o último de sua vida neste mundo. Foi sepultado em Lisieux no dia 2 de agosto. Com a morte terminou o terrível martírio de um santo chefe de família.

Nas cartas de Teresinha às Irmãs pode-se ver este ato de perfeita resignação: Tu o levaste, ó Deus. Nós sentimos muito. Mas, ao mesmo tempo, nós te agradecemos o pai que nos deste!

Teresinha quis homenagear a memória de seu pai com uma poesia "Prece da filha de um santo". Nas nove estrofes da poesia ela evoca o patriarca no meio de seus nove filhos. Eis as palavras dos últimos versos: "Em tua fronte gloriosa rebrilham lá no céu nove lírios em flor!"

Entrada de Celina

Por dois anos Celina não revelara às irmãs o segredo do voto privado que fizera de castidade. O Pe. Pichon queria levá-la para o Canadá, para um apostolado diferente, de vida ativa. As três irmãs, Paulina, Maria e Teresinha, cerraram fileira contra o Pe. Pichon. Teresinha chegou mesmo a escrever uma carta a seu diretor espiritual dizendo "estar muito magoada com ele". Insistia que o lugar de Celina era o Carmelo de Lisieux. Fez de tudo para tirar o receio da irmã quanto à afeição fraterna. Dizia-lhe: "Eu sofri tanto por você que espero não ser um obstáculo para a sua vocação. Não foi o nosso afeto depurado como o ouro no crisol?"

Outra vez o Pe. Delatroette entra em cena para atrapalhar. Ele temia que a entrada de uma quarta irmã fosse contrária ao espírito e à letra da regra do Carmelo. Felizmente Madre Maria de Gonzaga foi a favor da admissão. Uma outra Irmã, Aemée, foi tremendamente contra o reforço do "clã Martin" e, sobretudo, contra a entrada de uma "artista inútil para a comunidade". Na família havia também quem se opusesse aos planos de

Celina. O tio Isidoro achava que não podia perdê-la. Havia-se afeiçoado tanto a ela que o separar-se dela era a mesma coisa que separar-se da filha mais querida de seu coração. Finalmente, depois de muitas conversas, o Pe. Pichon, o superior do Carmelo e D. Hugonin concordam.

Dia 14 de setembro de 1894 entra para o Carmelo de Lisieux mais uma Martin, Celina. Era festa da exaltação da Santa Cruz. Desde o tempo de Teresa de Ávila nunca um Carmelo acolhera quatro irmãs da mesma família. Nem sabemos se ela teria permitido, pois é ela que escreve em julho de 1579: "Não fica bem a nenhum mosteiro reunir três irmãs".

Teresinha não sabia como agradecer a Deus. Seu mais ardente desejo acabava de ser cumprido. "Todas seremos um só coração para amar a Jesus e sofrer pela conversão dos pecadores." E, quase que de imediato, vieram-lhe à lembrança as palavras de São João da Cruz: "Quanto mais Deus nos quer dar, tanto mais ele nos faz desejar!"

As dores de garganta de Teresinha persistiam. Já causavam sérias apreensões. Os remédios não surtiam nenhum efeito. Não obstante, ela não diminuía as suas atividades. Antes, seus trabalhos aumentaram com a entrada de mais quatro postulantes, entre elas, Celina.

Para Celina não foi fácil o começo de sua vida no Carmelo. Trazia consigo o vigor de seus 25 anos, um temperamento independente e uma franqueza de linguagem fora do comum. Tratou do pai, dirigiu uma casa, frequentou festas, recusou vários pedidos de casamento. Tinha aprendido pintura e arte fotográfica. Viveu seus anos num estilo de vida muito diferente da vida no Carmelo.

Teresinha procurou iniciá-la. "Sua irmã — pensava — não pode desanimar." Não foi só uma vez que Teresinha ouviu de Celina esta lamúria: "Eu não vou aguentar!" É possível que Teresinha tenha dito à irmã nos momentos mais difíceis: Que outra graça você gostaria que Deus lhe concedesse por todo o bem que você nos fez e por tudo o que você fez pelo nosso "rei"?

Sem dúvida, de tudo o que Teresinha andou dizendo à irmã e às noviças, em resumo, pode-se apurar este pensamento: Acontece com os homens o que acontece com as rosas. Só algumas vão para o altar!

Santa Teresinha com 22 anos

O CAMINHO

Em fins de 1894, Teresinha começou a se questionar. Há seis anos que estou no Carmelo. Sofri muito, lutei muito e nunca abri mão do desejo que tenho de me tornar santa. Que tenho conseguido até hoje? Há alguma coisa em minha vida que se parece com a vida dos santos?

Que caminho os santos seguiram para chegar à santidade? Em que consiste a santidade? Por que muitos homens, até religiosos, não se tornam santos? Pode haver um caminho que leva facilmente à santidade? Que caminho seria este?

Cristo disse: "Sede perfeitos como meu Pai celestial é perfeito". Essas palavras são um imperativo. Sem dúvida, ele quer que todos os que o seguem sejam santos. Essas palavras valem principalmente para os religiosos. Tem sentido ser religioso e não querer ser santo? De que modelo os santos se serviram para se tornar santos? O que Deus fez por eles e o que eles fizeram por Deus? Em que os santos diferem uns dos outros? Em que eles mais se parecem?

Teresinha ouviu falar muitas vezes que a porta do céu é estreita. Que são poucos os que lá entram. Ouviu falar que o caminho do céu é caminho de cruz. Ouviu falar que Cristo considera ser de sua "família" só aquele que faz a vontade do Pai.

Depois, a leitura da vida dos grandes santos como Paulo, Agostinho, Teresa de Ávila, João da Cruz, Francisco de Assis, Francisco de Sales, e outros, deixou-a meio confusa. Todos esses santos distinguiram-se por uma vida de grandes mortificações, praticaram em alto grau todas as virtudes e Deus dotou-os dos mais extraordinários carismas e dons. Há fatos tão sublimes na vida desses santos que poucos são os que se animam a imitá-los. Teresinha chama-os de gigantes, montanhas, luzeiros. Em tudo eles são imensos! Em tudo eles são admiráveis!

E então, perto deles, ela se julga um "obscuro grão de areia". Estou cheia de imperfeições. Proponho-me mil vezes ser fiel, e sempre caio. Proponho-me ser prestativa, ser obediente, não dormir em tempo de oração, ser paciente, ser compreensiva, controlar pensamentos negativos, esquecer ofensas e mágoas, não guardar ressentimentos, ser dócil e pontual, não transformar em tragédia nada de tudo o que acontece na comunidade, olhar com bondade todas as misérias humanas. Proponho-me fazer tudo com boa vontade, e nada faço sem que apareça um tanto da má vontade que destoa. Como sou fraca! Como é de espantar a minha pequenez!

No noviciado Teresinha chegou a crer que a santidade lhe seria coisa impossível de alcançar. As palavras do Evangelho: "Pôr a mão no arado e olhar para trás", ela entendia como capitulação, rendição, desânimo.

"Mas eu não posso desanimar." Encorajava-se com as palavras de São João da Cruz, que dizia: "Deus nunca inspira desejos irrealizáveis". Portanto, "apesar de minha pequenez, eu posso aspirar à santidade. É preciso que eu me aceite como sou, com minhas imperfeições, e continue procurando o caminho".

Com isso Teresinha não se entrega. Nada de pessimismo. Nada de passividade. Reflete e reza. Refletir significa buscar um caminho. Rezar significa deixar-se iluminar. Por refletir é que o filho pródigo encontrou o caminho da casa. Por rezar é que o pai o recebeu com festas!

Reflete mais, pensando: Vivemos numa época de inovações e de invenções: eletricidade, telefonia, automóveis etc. Na Itália, que interessante foi observar os elevadores! Num instante levavam a gente para o ponto mais alto dos edifícios. Tudo isso é progresso, e o progresso é bênção de Deus. Se Deus permite o progresso das coisas, por que não há de permitir progresso e inovações no mundo das almas?

Teresinha então se lembrou do que o Pe. Prou falou durante o último retiro que fizera. Falou de um trilhozinho bem reto, bem curto, completamente novo para se chegar ao amor total. A partir de então ela concluiu que não é com os pés que se pode ir por este caminho. É com o amor do coração. Não é à toa que Cristo disse ser ele o caminho!

Parece que este caminho era totalmente desconhecido de todos os pregadores de seu tempo. As Irmãs no Carmelo também temiam ser "perigoso" qualquer outro caminho que não fosse o das grandes mortificações, do medo do pecado e dos castigos divinos.

Para Teresinha os caminhos de santidade que lhe foram indicados eram de difícil acesso. Julgou serem caminhos que só as grandes almas conseguem trilhar. Preferiu esconder-se. É como se quisesse dizer: A minha vocação é a de ser pequena. Não vim ao Carmelo para realizar grandes coisas. Basta-me ser grande no amor!

Celina trouxe consigo, ao entrar para o Carmelo, muitas anotações e trechos do Antigo Testamento. Teresinha quis vê-los. Viu-os, e entusiasmou-se. Encontrou dois textos que lhe marcaram o rumo do caminho novo que ela tanto buscava. Um trecho era do livro dos Provérbios, que diz: "Se alguém é pequeno, venha a mim" (Pr 9,4). Não se conteve e exclamou: Esse "pequeno" sou eu. Daí começou a se perguntar que é que Deus iria fazer do pequenino que fosse a ele com confiança. A resposta veio do texto do profeta Isaías, que diz: "Como uma mãe afaga seu filho no colo, eu vos embalarei nos joelhos" (veja Is 66,13).

O primeiro milagre que aconteceu no mundo foi quando Deus disse: Faça-se a luz. Esses dois textos da Escritura foram para Teresinha um acender de luzes!

Fazer-se pequeno

É a partir deste tempo que Teresinha assume oficialmente o nome de Teresinha e com ele passa a assinar muitas de suas cartas. Muitas Irmãs interpretaram este fato como sinal de "afetação". E daí? Daqui por diante ela experimentaria em sua vida cotidiana a verdade deste caminho de confiança e de amor. Seu coração cantava: "Ó meu Deus, tu foste além de minha expectativa. Eu quero cantar a tua misericórdia".

Pe. Prou tinha razão. Era preciso ousar. Era preciso lançar-se como Pedro nas ondas da confiança e do amor. A sua pequenez com suas fraquezas e falhas passa a ser o motivo de sua alegria. Elas são agora o lugar onde há de atuar o Amor Misericordioso.

Depois desta descoberta, Teresinha vê todas as perfeições de Deus através apenas da Misericórdia. Até mesmo a Justiça nele se reveste de Misericórdia. É misericórdia o que ele propõe. É misericórdia a forma como ele dispõe. Nem dá para pensar de outra forma. Tudo o que pode acontecer confirma o que está dito: "Eu te amei com um amor eterno".

Em todos os seus escritos, na *"História de uma alma"*, nas poesias, nas peças teatrais, nas cartas, nos conselhos que dá, a tônica de tudo é o abandono, a confiança, o amor.

Há diferença entre ser pequeno e fazer-se pequeno. Ser pequeno é um tempo de vida que passa. Fazer-se pequeno é humildade que encanta. Não foi apenas para entrar no mundo que Cristo quis fazer-se pequeno. Foi para ensinar. O fato de Cristo ter aparecido pequeno no mundo dá-nos certeza que somos amados por Deus com um amor jamais imaginado por ninguém, nem pelos anjos. É todo o amor de Deus que entrou no mundo quando Cristo se fez pequeno!

Que significa fazer-se pequeno? Se Teresinha não ensinou nada de novo, ensinou um modo novo de fazer-se pequeno. Significa reconhecer que somos pequenos diante de Deus; significa acreditar que Deus se agrada de quem se faz pequeno na humildade; significa aprender a descer como Cristo; significa que não devemos temer pelas faltas que cometemos, mas confiar; significa que nossa maior preocupação na terra deve ser não a de acumular tesouros para o céu, mas a de agradar a Deus; significa acreditar que as virtudes que praticamos não são frutos de nossos méritos e capacidades, mas da graça; significa não perder a coragem diante de nossas limitações; significa não perder a paz, mesmo que nossas faltas sejam muitas e grandes; significa acreditar que Deus nunca deixa de nos amar; significa que o amor, além de nos fazer bons, leva-nos a ver em tudo um bem; significa que o amor cobre a multidão de pecados; significa acreditar que as coisas mais pequenas, se feitas com amor, tornam-se grandes aos olhos de Deus; significa acreditar que o trabalho da graça em nós, o crescimento da vida divina e o crescimento para a maturidade em Cristo operam-se no silêncio, invisivelmente, como a vida na semente; significa acreditar que o julgamento dos pequenos será feito com mais suavidade; significa acreditar que da humildade mais profunda nasce a paz mais intensa; significa que não devemos deixar-nos levar pelas aparências; significa acreditar que Deus paga pelos esforços sem olhar para os resultados; significa acreditar que, se amamos, podemos olhar para nossas misérias sem temor; significa ver nas próprias misérias motivo de compreender melhor os outros; significa ver em qualquer tristeza, seja qual for, que é o sol que se esconde apenas por instantes; significa acreditar que o amor que dá sentido à vida e ao próprio amor é o Amor de Cristo. O apóstolo Paulo disse: "O meu viver é Cristo". Na verdade, de que outro amor ele poderia ter falado?

Vale a pena lembrar uma passagem dos escritos de Teresinha para se ter um ideia da beleza e simplicidade de sua alma. Vejam. Ela diz numa carta: "Quando um jardineiro prepara um buquê de flores, há sempre uns espaços vazios no meio das flores bonitas. Se quer preencher esses espaços vazios, ele usa de pequenos ramos. Vês? É isso que eu desejo ser — um raminho — no buquê de flores que Deus faz da gloriosa vida dos santos!"

O livro de sua vida

Era um dia de inverno de 1895. Anoitecia. Fazia frio. As quatro irmãs Martin conversavam na sala aquecida. A mais nova, Teresinha, com seu jeito desembaraçado, contava às irmãs lembranças do passado, nos Buissonnets. Lembrou os tempos em que viviam naquela casa de quartos grandes e sala espaçosa em companhia do pai. Lembrou o jardim, as flores, os gostos do pai, os passeios, os momentos de oração, as tomadas de lições, as idas à igreja, a vida no colégio etc. Como fazia bem recordar essas coisas! Que pena que o tempo tenha passado tão depressa! Mas, quanta coisa boa ficou de tudo o que passou!

De repente, Maria volta-se para Paulina, a Priora, e diz:

— Pensei em sugerir-lhe uma ideia.

— Que ideia?

— Seria bom que Teresinha pusesse no papel todas essas lembranças. Que acha?

— Até que seria interessante. Muito interessante.

— Pois, então, peça a ela que escreva.

— Mas, você está esquecida de um ponto importante de nossas Regras.

— Que ponto?

— Não é costume que uma carmelita escreva a sua vida no Carmelo.

— Sei disso. Ela é um anjo que não ficará ainda por muito tempo conosco. Pense um pouco.

— Mas, e o tempo? Nossa irmã já anda tão ocupada!

— Claro que o que estou sugerindo não é para ser feito amanhã.

Teresa escuta a conversa. Depois sorri para as duas.

— Será que estão querendo zombar de mim? Quem sou eu? Vocês sabem que eu não tenho qualidades para fazer o que querem.

— Eu acho que você tem.

— Vocês já me conhecem. Não há nada de novo em minha vida que lhes possa contar. Certo?

A conversa terminou com uma ordem de Paulina: "Eu lhe ordeno que me escreva as memórias de sua infância".

Teresinha não teve por onde escapar. Devia obedecer. O problema agora era achar tempo. Só à noite, depois da oração das "completas" e, nos feriados é que podia escrever um pouco sob a fraca luz de uma lamparina.

Antes de começar a escrever invocou a proteção da Virgem do sorriso. Depois, ao acaso, abre o Evangelho. Fica surpresa. Cai-lhe diante dos olhos o texto de Marcos, onde se lê: "Tendo Jesus subido a um monte, chamou a si aqueles que lhe aprouve, e eles se aproximaram dele" (Mc 3,13). Este texto enquadrou com a história de sua vida. Diz ela: "Aí está precisamente o mistério de minha vocação, de minha vida e dos privilégios que recebi de Jesus... Ele não chama os que são dignos. Chama os que lhe apraz. É como diz São Paulo: "Ele tem piedade de quem ele quer" (Rm 9,15).

Assim Teresinha foi escrevendo ao correr da pena, da inspiração, sem plano e em condições precárias de meios. Faz uma releitura de sua vida à luz da palavra de Deus e da trilhazinha que descobrira. "Posso olhar para o passado. Minha alma amadureceu nas provações internas e externas. Agora vejo que se realizam em mim as palavras do salmista: 'O Senhor é meu pastor, nada me faltará'."

A ordem de Paulina veio em boa hora. Escrever a sua vida foi para Teresinha mais uma oportunidade de compreender melhor o sentido da vida que tinha vivido até então. Constatou que o Amor nunca a desamparara em nenhum momento da vida. Amparou-a quando a mãe morreu, ao se separar das irmãs, na doença, nas dificuldades afetivas, nos escrúpulos, na paixão do pai, nos primeiros meses que passou no Carmelo. O Amor sempre lhe deu ânimo e forças para suportar e alegria para oferecer.

Em pouco tempo encheu o primeiro caderninho. Nos seis cadernos, de ponta a ponta, ela canta as Misericórdias do Senhor. São o seu "Magnificat". Não se preocupa tanto em falar de sua vida. Preocupa-se, sim, em contar as graças que Nosso Senhor lhe concedeu. Sua "conversão" no Natal de 1886 não foi ilusão. Foi o início de um "corrida de gigante". Faltava terminá-la. Chama o Amor Misericordioso de gratuidade do Senhor. "Que felicidade sofrer por aquele que nos ama." Diz ser "loucura" o amor do Bem-

-Amado que desceu do céu e veio à terra procurar os pecadores para fazer deles amigos seus.

Celina foi sua primeira leitora. Ia lendo à medida que Teresinha escrevia. O entusiasmo foi tanto que um dia ela não se conteve, e exclamou: Isto é coisa que se deve imprimir. A irmã verá quanto bem há de fazer mais tarde! Teresinha, rindo-se, apenas fez esta observação: "O que você diz é ridículo. Eu não escrevo para fazer uma obra literária. Escrevo por obediência".

Viver de amor

Teresinha tornou-se a "poetisa da comunidade". Não se importava com o gênero literário nem com estilo. Simplesmente escrevia conforme a inspiração do momento ditava. É célebre o poema que escreveu na adoração do Santíssimo, das quarenta horas, "Viver de Amor".

Um dia, após a missa da Santíssima Trindade, quis oferecer-se como vítima de holocausto ao Amor Misericordioso. Pediu e obteve permissão da Priora. Quis que Celina também o fizesse. Dizia: "Eu pensava nas almas que se oferecem como vítimas à Justiça de Deus, a fim de desviar e atrair sobre si os castigos reservados aos culpados".

Teresinha não se animou a fazer tal oblação sem fazer antes alguma modificação no texto. Não quis oferecer-se à Justiça, mas ao Amor Misericordioso.

Foi diante da Imagem de N. Sra. das Vitórias que ela fez com Celina sua consagração. Quem quiser tê-la, aí vai: "Ó meu Deus, Trindade Santíssima, eu desejo amar-te e fazer-te amado. Desejo trabalhar pela glorificação da santa Igreja, salvando as almas que estão na terra e libertando as que padecem no purgatório. Desejo cumprir perfeitamente a tua vontade e chegar ao grau de glória que me preparaste em teu reino. Numa palavra, desejo ser santa, mas sinto o peso de minhas fraquezas. Por isso peço-te que tu mesmo sejas a minha Santidade. A fim de viver num ato de perfeito amor, eu me ofereço como vítima de holocausto a teu Amor Misericordioso, suplicando-te que me consumas sem cessar, deixando transbordar em minha alma as torrentes de Ternura Infinita que em ti se encerram, e que assim eu me torne Mártir de teu Amor. Que este Martírio, depois de me ter preparado para apresentar-me diante de ti, me faça por fim morrer, e que minha alma se eleve sem tardança nos eternos ardores de teu Amor Misericordioso. Eu quero, a cada batida de meu coração, renovar esta oblação um número imenso de vezes, de tal modo que, dissipadas as sombras, eu possa finalmente repetir-te o meu Amor num eterno face a face".

Amor é a palavra que mais aparece em todos os escritos de Teresinha. Ela dizia que "a sua vocação era amar". Aqui vão alguns de seus pensamentos. Tirei-os de seus escritos e dei-lhes apenas uma roupagem nova.

O amor é que não me deixa parar, mesmo que os obstáculos sejam muitos e grandes.

O amor é que me faz ver para que lado devo ir quando um medo qualquer me assalta.

Não me dispenso de sofrer por amar, e o sofrimento não me impede de amar.

Quando o amor é grande, qualquer dor é uma bênção.

Houve um tempo em que sofri com tristeza; hoje não é mais assim; o amor me faz sorrir.

Venham a mim todos os que sofrem — disse Cristo. Se amo, posso dizer coisa diferente?

Muitos são infelizes porque não querem aceitar que são amados de Deus.

O céu é participação de todo o amor que Deus é.

A paz que vem do amor é felicidade que dura não apenas por alguns momentos.

Eu quero ver as misérias dos outros com

o jeito de Cristo quando olhou para Pedro no tempo da paixão.

Não há amor que não aceite a dor, e não há dor que o amor não possa aceitar.

Se é de minha natureza temer e recuar, o amor me faz voar.

Todos os pecados do mundo não fariam ser menor a confiança que tenho em Deus!

Que bem faz qualquer um desses pensamentos!

Faz parte de minha vida

Um dia, quando lavava roupas, Teresinha foi chamada pela Priora. Paulina disse-lhe logo do que se tratava. Era um clérigo, futuro sacerdote e missionário, que pedia orações do Carmelo. Chamava-se Maurice Bellière, de 22 anos. Pedia pela sua vocação.

— Você aceita? — perguntou-lhe Paulina.

A resposta imediata foi: — Como não? Bendito seja Deus!

O primeiro pensamento de Teresinha foi este: rezar pelos sacerdotes faz parte de minha vida. Não se pode imaginar a vida de uma carmelita sem que ela, todos os dias, reze na intenção dos sacerdotes. Eles devem ser santos. Eles devem ter o zelo de Jesus. Eles devem ser continuadores e fiéis imitadores de Cristo. Foi especialmente para eles que Jesus disse: "Sois o sal da terra. Sois luz para o mundo".

Teresinha achou que positivamente Deus cumpria todos os seus desejos. Diz ela: "Faz anos que eu não saboreava tamanha felicidade". Chegou a escrever uma oração pelo seu "protegido". Redobrou seu ardor nas orações. O compromisso que assumira era para valer.

Paulina não podia imaginar que sua irmã iria fazer esforços heroicos em "multiplicar os pequenos atos". Isto só foi conhecido após sua morte. Ao sentar-se, não se recostava; não cruzava os pés; atendia imediatamente a qualquer pedido de uma irmã; evitava o mais que podia ir ao locutório; se pediam algo emprestado, não reclamava a devolução; não olhava o relógio no tempo da oração etc. Foram mil coisinhas desse tipo que ela praticou por dias, meses e anos. Experimente agir a modo dela quem achar que tudo isso é pouca coisa!

Mais tarde foi-lhe confiado um outro sacerdote e missionário, o Pe. Adolfo Roulland, que depois de ordenado seria enviado para as missões na China. Aceitou. É que, conforme Santa Teresa de Ávila dizia, o "zelo de uma carmelita deve abarcar o mundo".

O papa Pio XI chamou Teresinha estrela de seu pontificado e proclamou-a padroeira das missões. Na verdade, sem sair do convento, ela foi irmã de caminhada dos sacerdotes e missionários. Acreditava que podia estar sempre "unida às obras de um missionário pelos laços da oração, do sofrimento e do amor".

Parece que alguém lhe havia sugerido este pensamento: Bendito é aquele que anuncia a paz! Bendita é a paz de quem anuncia o Cristo!

Carmelo de Lisieux. A primeira porta à direita, cela onde Santa Teresinha viveu seus últimos três anos

A NOITE

Madre Maria de Gonzaga, depois de muitas manobras, foi reeleita Priora no dia 21 de março de 1896. A reeleição de Madre Maria de Gonzaga não foi fácil. Foi reeleita só depois de sete escrutínios com uma diferença mínima de votos. A outra candidata era Irmã Paulina.

A primeira atitude da nova Priora foi a de nomear não a Irmã Paulina, como era de se esperar, mas Teresinha como mestra de noviças.

A nomeação de Teresinha foi mais um período de sua vida de carmelita em que ela, mais do que nunca, pôde seguir pelo caminho do abandono. Devia assumir o cargo sem ter o título correspondente. Agora eram cinco noviças que estavam sob sua responsabilidade. Como transformá-las em contemplativas sem ter, ela mesma, a devida preparação? Até sua irmã Celina e a prima Maria achavam-na "severa" e não se dispunham a aceitar sua autoridade. Depois, como reagir aos altos e baixos do temperamento da Priora?

Restava-lhe uma esperança. Invocar as luzes do divino Espírito Santo: "Senhor, sou demasiadamente pequena para alimentar tuas filhas. Por teu intermédio posso dar a elas o que lhes convém". Dizia que na oração e no sacrifício estava a sua força!

Como mestra de noviças Teresinha procurou ser compreensiva e humana. Como Jesus teve paciência diante das "ignorâncias" dos discípulos, "eu também devo ter paciência para ganhar a confiança de todas as que me foram confiadas".

Teresinha soube tornar interessantes as preleções que fazia sobre a vida no Carmelo, sobre a vida comunitária, sobre a vida de oração, sobre as virtudes cristãs, sobre os sacramentos, sobre os Evangelhos, as parábolas, o perdão, a caridade fraterna, a sinceridade etc.

Todas as tardes, mestra e noviças reuniam-se por meia hora. Aos poucos Teresinha ganhou a confiança de todas as noviças e, aos poucos, iniciou-as na escola de seu "pequeno caminho", do abandono e do amor. Nem de longe lhe passava pela ideia que o que ela ensinava às noviças um dia se transformaria numa admirável escola de espiritualidade.

Teresinha conhecia, sobretudo, a arte de adaptar-se a cada pessoa. Conhecer as pessoas com seus defeitos e qualidades, além de importar, é indispensável para quem tem o dever e a missão de educar e formar para a vida religiosa. Caso contrário, acontecem erros, às vezes grandes, às vezes irreparáveis. Teresinha dava razão ao Pe. Pichon, que dizia: "Há mais diferenças entre as almas do que entre as fisionomias". Traduzindo: Há pessoas que só se deixam conhecer pelo retrato!

Sua pedagogia era intuitiva. Baseava-se, sobretudo, no amor ao próximo. As noviças podiam dizer-lhe tudo, embora nem tudo lhe saísse sempre bem. Às vezes, ouvia de uma ou outra coisas que lhe causavam profundo mal-estar e desagrado.

Não se importava de ser tida como severa. É impossível tratar a todas da mesma forma. Dizia: "Há algumas que sou forçada a apanhar pela pele, e outras, pela ponta das asas".

Teresinha, em sua posição de formadora, aprendeu muita coisa sobre a natureza humana. A propensão de certas Irmãs (inclusive Paulina) pelas mortificações extraordinárias, pelos instrumentos de penitência então em uso, não lhe mereciam a mínima atenção nem adesão. Notara que "as religiosas mais inclinadas às austeridades sangrentas não eram as mais perfeitas, e que o amor-próprio parece até alimentar-se das penitências excessivas".

Ela não julgou. Apenas achava que este não era o seu caminho. Por causa deste modo de agir, mais tarde muitas Irmãs disseram que ela teria sido uma ótima priora se tivesse vivido mais tempo. A todas que a admiravam costumava dizer com sincera humildade: "É o Espírito Santo que me ajuda a acertar o alvo".

O primeiro sinal

Era a semana santa de 1896. Na noite de Quinta-feira Santa, 3 de abril, Teresinha estava no coro fazendo adoração. Fica aí até meia-noite. Seu coração reverencia, agradece, adora e se oferece. Lembrou as cerimônias deste dia. Cristo na última ceia com os seus! Cristo instituindo a Eucaristia! Cristo instituindo o Sacerdócio católico! Cristo lavando os pés dos discípulos! Cristo dizendo-lhes: "Vocês estão certos em me chamarem mestre. Pois bem, o que mando é que vocês façam uns pelos outros o que acabo de lhes fazer". Entendam-me — queria Cristo dizer-lhes — quem não se põe na condição de fazer-se o último jamais entenderá o sentido de morrer de minha morte!

Depois Teresinha vai repousar. Mal se deita, sente uma golfada, como vômito, que lhe sobe até os lábios. Ela a comprime com o lenço. Como a lâmpada já estava apagada, ela não quis verificar. Se fosse sangue, talvez morresse na Sexta-feira Santa. Que belo dia para morrer! Que bela seria a sua morte! Como se pareceria com Jesus!

Só no dia seguinte, ao clarear, é que Teresinha pôde constatar. O vômito era sangue. Não teve medo. Era um anúncio do Bem--Amado de seu coração. Como temer que ele venha, se lhe oferecera a vida?

Depois do Ofício era costume no Carmelo que a Priora, na Sexta-Feira Santa, reunisse a comunidade e falasse sobre a caridade fraterna. Em seguida as Irmãs, num ato de humildade, pediam perdão umas às outras. Quando chegou a vez de Teresinha, ela, ao abraçar a Priora, segreda-lhe o que havia ocorrido durante a noite. Ao ouvir as palavras de Teresinha: "Estou passando bem, e suplico--lhe que não me conceda nada de especial", a Priora, sem se dar conta do estado real de Teresinha, concorda.

Durante o dia Teresinha se entrega aos trabalhos na forma costumeira. "A esperança de ir para o céu fazia ser grande a minha alegria." Uma Irmã noviça, auxiliar da enfermeira, ao saber do caso, não se conforma. Chora. Protesta. Tudo, porém, deu em nada. Paulina é que não devia ser inteirada de nada!

Na noite seguinte, o mal se repete. Só agora é que Teresinha é socorrida e atendida. Vem o Dr. Néele. Calma, ela responde às perguntas do médico. Confessa ter sentido muita fome todas as noites da Quaresma. Mostra um inchaço no pescoço. O diagnóstico do médico e os remédios não surtiram o mínimo efeito de alívio para Teresinha. Ela só podia sonhar de em breve estar junto do Bem-Amado e contemplar aquele que seu coração ama!

Mas, era tempo de noite para a alma de Teresinha. Páscoa é tempo de luz. Esta Páscoa foi para Teresinha a mais densa escuridão. "O céu é Jesus." Ei-la privada de qualquer sentimento de fé. Sua fé esbarra num extenso muro. "É um muro que se ergue até o céu. Tudo desaparece." Vozes horríveis gritavam dentro dela dizendo que seus grandes desejos, a trilhazinha, seus sacrifícios, seu oferecimento, toda a sua vida espiritual, tudo não passava de ilusão. Só uma coisa lhe parecia ser evidente: ia morrer jovem e sem nenhum proveito nem esperança de vida eterna. "Uma voz me dizia: 'Alegra-te com a morte que te trará não o que esperas, mas uma noite ainda mais densa, a noite do nada'."

Oralmente só o capelão ficou sabendo de suas aflições. Só mais tarde é que ela dirá a Paulina: "O que se impõe ao meu espírito é o raciocínio dos piores materialistas". Seria o caso de citar alguns do tempo, como Karl Marx, Nietzsche, Renan e outros.

Por trás das grades do mosteiro, Teresinha estava por dentro dos ataques que havia contra a Igreja nos movimentos e nas obras de materialistas e anarquistas ateus. Ela parecia não demonstrar nada por fora, mas por dentro, no coração, sofria e rezava. Quem leu as poesias que escreveu neste tempo podia até pensar que ela nadava num mar de consolações e doçura espirituais.

Um raio de luz

O sexto aniversário de sua profissão religiosa Teresinha preferiu passá-lo na solidão. Nesse dia um raio de luz iluminou-a, e ela pôde escrever: "Ó meu Bem-Amado, no sexto aniversário de nossa união, perdoa se te digo disparates. Peço que concedas a minha alma o que ela espera!"

Teresinha sente ferver em si desejos imensos aparentemente contraditórios. Aspira realizar feitos próprios só de vocações essencialmente masculinas. Aspira ser guerreiro, sacerdote, apóstolo, doutor da Igreja, mártir. Aspira viver todas essas vocações em toda a sua plenitude de espaço e de tempo. Depois, lúcida, ela diz: "Que respondes, ó Jesus, a todas as loucuras que te digo? Pode haver alma mais pequenina e mais impotente que a minha?"

De novo o Evangelho vem em seu auxílio. Lê, em São Paulo, o que ele escreve aos Coríntios: "Nem todos podem ser apóstolos, profetas, doutores... o olho não pode ser a mão". Afinal o capítulo 13 lhe disse tudo: "A caridade é um caminho excelente que conduz seguramente a Deus".

"Então compreendi — diz ela — que se a Igreja tinha um corpo composto de diversos membros, o mais necessário deles não lhe faltava, o coração. Compreendi que a Igreja tinha um coração. Compreendi que só o Amor fazia agir os membros da Igreja; que se o Amor viesse a extinguir-se, os apóstolos não anunciariam o Evangelho, os mártires recusariam derramar seu sangue... Compreendi que o amor encerrava todas as vocações; que o amor era tudo; que ele abarcava todos os tempos e todos os lugares... Numa palavra, compreendi que o amor é eterno. No excesso de minha delirante alegria, exclamei: Ó Jesus, afinal encontrei a minha vocação. Minha vocação é o Amor."

Teresinha compôs ainda neste tempo muitas cartas e poesias. Na opinião de um autor, em três cartas desse tempo, Teresinha, sem o saber, escreveu a "carta magna da trilhazinha da infância", uma das joias da literatura espiritual (Conrad De Meester).

É difícil compreender que tantas confissões, orações alegres, jubilosas e infantis pudessem ter nascido de um estado de alma tão perturbado. A raiz de todas elas era a mesma, da qual Teresinha, na sua infância, extraíra energias para todas as suas crises: uma lealdade a todo o custo para com sua consciência, e uma obediência sem reservas, que era o sinal exterior dessa lealdade. Ela transcendeu o seu próprio estado de espírito e os seus sentimentos. Sabia onde estavam a verdade e a realidade, quer o sentisse, compreendesse e experimentasse, ou não. O Sol estava no céu, mesmo que ela fosse cega. Ela vira a sua luz brilhante; sabia que a tinha visto e, mesmo que já não o soubesse, sabia que o soubera um dia, e isso lhe bastava. Rezou nesse tempo como se nada tivesse acontecido, como se todo o seu mundo interior não tivesse desmoronado em conseqüência de um tremor de terra. Ela prestava homenagem à verdade. Já não sentia nem compreendia a fé, mas continuava a viver dela. Uma vez mais, e como se nunca o tivesse experimentado, caminhou sobre o fio agudo da certeza e atravessou o abismo noturno como se pisasse terreno firme debaixo dos pés. "Deus sabe que eu tento praticar a minha fé ainda que não me traga alegria. Fiz mais atos de fé durante este último ano do que em todo o resto de minha vida..."

Por certo este capítulo da vida de Teresinha faz lembrar o que disse São Paulo: "Eu me alegro no meio de minhas tribulações!"

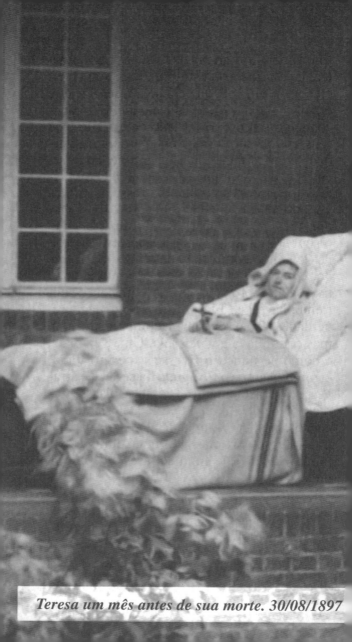

Teresa um mês antes de sua morte. 30/08/1897

O FIM

Madre Maria de Gonzaga não podia imaginar que o estado de Teresinha fosse grave. Aliás, Madre Gonzaga era conhecida por sua insensibilidade diante das fraquezas e das dores alheias. Acontece também que Teresinha, sempre que perguntada sobre seu estado de saúde, nunca dizia que estava mal. Antes dizia que tudo estava bem. Soube enganar até mesmo suas irmãs e as noviças que não saíam de seu lado, sempre vigilantes.

Teresinha sempre se mostrou concisa, alegre, sorridente e calma. Fez questão de não se dispensar de nada. Andava pelos corredores do claustro exposta à neve, ao frio e à chuva sem baixar a cabeça e sem se proteger. Todo o mundo podia pensar que ela era insensível ao mau tempo, ao calor e ao frio. Continuou a passar longas horas no coro sem se encostar em nada, sem desfalecer, mesmo quando mal podia respirar. Esforçava-se por rir, gracejar, e mostrava-se interessada por tudo e por dar atenção a todas as Irmãs.

Ninguém pensou em atribuir à doença o rubor de suas faces e o brilho de seus olhos.

Ainda comia de tudo o que lhe apresentavam. Ninguém a ouvia tossir durante a noite. Encarregava-se ainda dos pequenos serviços à comunidade. Cosia, pintava, escrevia versos e cartas enquanto havia luz em seu quarto. Quando estava só é que tudo mudava. As energias lhe fugiam. Sentia imensa dificuldade em subir e descer escadas. Passava as noites com febre e frio; tossia sangue e tinha a cabeça cheia de pensamentos blasfemos contra a fé.

É simplesmente incompreensível que durante todo o tempo do inverno ninguém tivesse notado a gravidade da doença de Teresinha. A explicação está no seu sorriso, na sua naturalidade, na energia e vivacidade que mostrava a todos sem exceção, até mesmo ao médico. Conseguiu "enganar" a todos.

Teresa queria morrer em atividade. Achava que ainda não havia urgência de se cuidar. Enquanto isso a doença progredia, impiedosa e implacável. Permaneceu fiel em não pedir nenhuma isenção. Madre Gonzaga, de seu lado, não tomava a mínima iniciativa em providenciar-lhe os cuidados necessários. Ainda estava com a impressão que as irmãs de Teresinha sempre quiseram envolvê-la em algodão e poupar-lhe as austeridades do convento.

Só depois que o estado de Teresinha se complicou é que Madre Gonzaga resolveu desvelar-se mais do que uma mãe. No capítulo X da *"História de uma alma"*, Teresinha lembra a Madre e faz referências aos cuidados que lhe dispensou, dizendo: "Todas as atenções que dispensou durante a minha doença ensinaram-me muito sobre a caridade fraterna. Nenhum remédio lhe pareceu ser caro. Tudo isso me levou a pensar que eu devia ser compassiva para com as enfermidades espirituais das minhas Irmãs como a senhora foi para com as minhas enfermidades físicas".

Desde abril Paulina não saía de perto da irmã enferma, para anotar tudo o que ela podia dizer. O período de maio a 30 de setembro, dia de sua morte, foi uma longa agonia. Desenganada dos médicos, Teresinha esperava morrer. Mas, apenas viu adiar-se sempre mais a sua agonia.

Paulina notara que Teresinha escondia alguma coisa. Havia dentro dela um silêncio e, sem dúvida, tinha vontade de romper com este silêncio. Paulina tinha plena certeza que o que a sua irmã mantinha escondido no coração era um "tesouro". Sua irmã estava prestes a morrer. Tinha os dias contados. Que fazer? Como fazer? A quem se dirigir?

De repente lhe vem uma ideia. No dia 2 de junho vai ao quarto de Madre Maria de Gonzaga. Era meia-noite. Foi com o jeito de quem se sente muito inquieto que ela falou: "Madre, não consigo dormir. Preciso confiar-

-lhe um segredo. No meu tempo de priora mandei, por obediência, que Teresinha escrevesse algumas recordações de sua infância. Gostei. Mas de tudo o que ela escreveu não se pode apurar nada que se possa dizer depois de sua morte. Ela conta pouca coisa de sua vida religiosa. Se a senhora mandar, ela poderá escrever alguma coisa de mais sério, e, tenho certeza, a senhora receberá coisa muito melhor do que o que tenho".

Madre Maria de Gonzaga não duvidou. Fez o que Paulina lhe sugeriu. Já no dia seguinte vai ao quarto de Teresinha. Entra com passos leves para não incomodá-la. Teve pena ao vê-la entre dores, vomitando e escarrando sangue.

— Bom dia, Teresinha — disse —, parece que você não está passando bem. Tem tomado os remédios?

— Sim, Madre. Tenho um pouco de tosse e vômitos.

— Cuidado. Evite falar muito.

— Estou me cuidando, Madre. Sinto que Deus me ama.

— Olhe, eu li os cadernos que você escreveu para a Paulina tempos atrás. Gostei muito. Gostaria que você continuasse escrevendo. Que me diz?

— Madre, francamente não me vejo em condições de escrever. Veja em que estado eu me acho. Dizer o quê?

— Faça mais um esforçozinho. Seja corajosa. Diga o que quiser. Escreva tudo o que lembrar das noviças, das lições e conselhos que lhes deu, de suas experiências, enfim, das coisas mais interessantes que você viu no Carmelo. É certo que assunto não lhe falta, e Deus, que lhe deu muita inteligência, lhe dará também inspiração.

— Mas, Madre...

— Pois é, pense e escreva. Preciso ir. Fique com Paulina. Não se esqueça, o que lhe peço é como se fosse uma ordem.

Teresinha obedece, e já no 3 de junho começa a escrever. Suas relações com a Madre haviam melhorado muito. Agora Madre Gonzaga a tratava "mais como mãe do que como priora".

A partir deste dia as irmãs de Teresinha crivam-na de mil perguntas, como se quisessem arrancar-lhe todos os segredos e mistérios de seu coração. Certamente — pensamos — trazer a público experiências tão delicadas vividas por Teresinha no convento e principalmente agora em seus últimos dias de vida não seria coisa recomendável, nunca, nem se justificaria, se a revelação de tais experiências não pudesse ter um valor muito especial e não pudesse ser um testemunho.

Teriam sido esses últimos meses de vida de Teresinha os mais difíceis? Julgando pelas aparências, não. Parece que a cruz foi tirada de seus ombros. Certo, ela estava doente. Mas não havia quem não quisesse dispensar-lhe os melhores cuidados e atenções. A bondade da Priora dava a impressão de tê-la devolvido ao ninho quente dos Buissonnets, à constante, exclusiva e serena companhia das irmãs. De mais a mais, as barreiras de tantos anos que o Carmelo impusera ao seu coração estavam agora inteiramente removidas.

Parece que a maior penitência de Teresinha havia chegado ao fim: o silêncio, o manto da invisibilidade. Agora ela podia falar. Fala como se tivesse amadurecido e despertado em seu íntimo a consciência de uma missão a ser cumprida no mundo. Tinha um legado a fazer. Competia às irmãs recebê-lo, administrá-lo e transmiti-lo.

Talvez o momento de sua morte tivesse sido adiado de um modo tão incrível apenas para que pudesse falar. É como se uma parte do tecido oculto e secreto da vida cristã tivesse sido cortado e posto sob uma luz brilhante para podermos examinar-lhe a autenticidade e a pureza.

As três irmãs estavam absolutamente convencidas que Teresinha era uma santa. Por isso queriam recolher cada uma de suas palavras para transmiti-las depois à posteridade.

Últimas lembranças

A obediência para Teresinha era coisa sagrada. Por isso recomeça o trabalho e a primeira coisa que faz é dirigir-se à Madre Maria Gonzaga com estas palavras: "A senhora, Madre, deseja que eu termine meus escritos. Vou fazê-lo. Respondo a seu desejo com gratidão a Nosso Senhor, a quem a senhora representa. Recomeço para falar das Misericórdias do Senhor".

Teresinha sempre é interrompida em seu trabalho pelas Irmãs que vinham durante o dia confortá-la e fazer-lhe perguntas. Não faltaram aquelas que só lhe fizeram perguntas tolas. Nunca perde o bom humor. Sempre acha um motivo para brincar, e sempre sorri para transmitir bondade e ternura. Estar perto dela era como estar dentro de um jardim vendo flores. Todas se encantavam diante de sua paciência nos sofrimentos, e do entusiasmo com que falava do "pequeno caminho". Fazia bem ouvi-la repetir mais vezes: "Como Deus é bom!"

Às vezes sua paciência era posta à prova até por gente de sua família. Um dia Celina quis fotografá-la. Inventou não se sabe quantas poses. Queria a melhor fotografia da irmã. Esqueceu-se que isso, no caso de Teresinha, cansava e aborrecia.

Há passagens em seus escritos em que

fala de "sentar-se à mesa dos pecadores" como Jesus. Não entendia que pudesse haver na terra pessoas que não acreditam ser amadas de Deus. A frase: "Creio em Cristo, mas odeio os cristãos", faz pensar. Cristo disse a seus discípulos: "Vocês deem testemunho de mim, do que eu disse e do que eu fiz". De fato, sem obras na fé as palavras significam, mas não ficam!

Teresinha chegou a dizer a uma das Irmãs: "Se eu não tivesse sido aceita no Carmelo, entraria para uma casa de Recuperação para viver desprezada e desconhecida no meio de pobres mulheres, e gostaria de lhes falar sobre a Misericórdia do Senhor".

Falando da bondade de Deus, diz que ela é infinita: "Que seria de mim se Deus não me tivesse ajudado? Sem a sua graça eu poderia descer ao mais fundo dos abismos". De fato, é um grande perigo quando não sentimos falta de Deus, ou quando achamos que podemos dispensá-lo! É assim que ela conclui a página 37 de mais este "caderninho preto", como ela o chamava. "Sim, eu o sinto, embora me pesassem na consciência todos os pecados que se podem cometer no mundo, eu iria, de coração partido pelo arrependimento, jogar-me nos braços de Jesus, pois sei quanto ele quer bem ao filho pródigo que volta para ele. Não é por ter Nosso Senhor, na sua solícita misericórdia, preservado a minha alma do pecado mortal que eu me elevo até ele pela confiança e pelo amor?"

Admirava-se dos casos de conversão contidos nos Evangelhos: Madalena, a Samaritana, a mulher adúltera, Zaqueu e outros. É verdade, um pouco de luz da graça que entra em nosso coração é mais do que toda a claridade do sol!

Fala pouco de suas provações interiores para não espantar. Fala muito do amor para encantar! "Como sou feliz agora por ter-me sujeitado a privações desde o princípio de minha vida religiosa! Já estou gozando da recompensa prometida aos que combatem corajosamente. Não sinto mais a necessidade de recusar-me todas as consolações do coração, pois a minha alma está consolidada por aquele que eu queria amar unicamente. Vejo com felicidade que, amando-o, o coração cresce, pode dar incomparavelmente mais ternura aos que lhe são caros, do que se estivesse concentrado num amor egoísta e infrutífero."

Com que carinho lembrou os sacerdotes confiados às suas orações. As cartas que recebia deles eram como mensagens de Deus e incentivo para rezar mais por todos. Não posso fazer o que eles fazem, mas posso pela oração levá-los a bom termo de converter e salvar os pecadores.

Quanto a seu modo de agir com as noviças, demora-se mais. Fala do quanto a caridade fraterna é necessária, principalmente para com os faltosos. É ponto em que São Paulo insiste para se obter a paz. O amor não nos obriga a dizer que os defeitos dos outros não são defeitos; o que ele manda e obriga é relevar e perdoar. É para viver a caridade no mais alto grau que entramos para o convento. Caso contrário, as pessoas apenas se suportam. E isto, apenas suportar-se, não é nenhuma felicidade!

Não esperem milagres após minha morte. Esperem, sim, que eu reze por todas junto do Pai. Meu caminho não é desejar ver; é agradar a Deus em tudo.

Em julho vê pela última vez seus familiares. Neste mesmo mês já não consegue retomar a pena para escrever. Pede a unção dos enfermos. Com que fervor diz: "Eu creio! Eu amo para crer mais firmemente!"

Até agosto as hemoptises repetem-se. Tem de ser levada para a enfermaria. Leva consigo a imagem de Nossa Senhora das Vitórias. Experimenta o amargor e as humilhações pelas quais passam ordinariamente os doentes. Em tudo depende dos outros. Os sofrimentos físicos vêm todos juntos: febre, suores, falta de ar, insônia, escarros etc. "Desde que estou doente não penso mais em nada. Só penso em Jesus para dizer-lhe: Eu te amo!"

Confessa não ter fantasiado nada. Afirma ser verdade tudo o que disse. "O céu para mim não é lugar de descanso. Lá não quero ficar inativa. O céu é o lugar de amar mais. Quero passar o meu céu fazendo o bem na terra." E mais: "Tenho certeza que Deus no céu me fará todas as vontades, porque na terra nunca fiz a minha vontade".

Na véspera de sua morte ainda se lembra de citar São Paulo: "O homem exterior vai caminhando para a ruína, e o interior se renova dia a dia no Senhor" (2Cor 4,16). Nos duzentos dias de doença conserva os olhos fixos em Jesus, e, mais vezes, diante dos presentes, diz: "Quero beijá-lo no rosto!"

Por fim Teresinha termina de cantar as misericórdias de Deus com estas palavras: "Não posso imaginar um amor maior do que o amor com que fui amada por Deus. Sempre e em tudo".

Última canção

Foi no dia 30 de setembro, às 19 horas, que Teresinha, de olhos fixos na cruz, cantou, na paz, sua última canção: *"Eu vos amo... Meu Deus, eu vos amo..."*

Depois morreu.

Cúpula da Basílica Santa Teresinha em Lisieux e estátua Teresinha Mestra

A GLÓRIA

Pouco antes de sua morte, em junho, Teresinha deixa às irmãs um bilhete de despedida com estes dizeres: "Eu vejo o que acreditei. Possuo o que esperei. Estou unida àquele que amei com toda a minha capacidade de amar".

O corpo de Teresinha ficou exposto no coro, atrás das grades, de sexta a domingo, para a visitação dos parentes e amigos. Todos queriam vê-la e tocá-la com terços e medalhas, como se já quisessem pedir-lhe graças e favores.

O enterro foi na segunda-feira, dia 4 de outubro. Havia pouca gente. Foi um cortejo pequeno. O tio Isidoro, que não pôde comparecer para o enterro por motivo de doença, teve a surpresa de ver que Teresinha era a primeira a ocupar um lugar no jazigo que ele acabara de adquirir para o Carmelo.

Depois do enterro o Carmelo voltou à rotina. Vida de silêncio, de orações e de penitências.

O triunfo

Quem sonha agradar a todos em tudo e sempre sonha uma tolice. Isto significa sonhar o impossível. Nenhum santo do céu foi por este caminho. Sabemos que nem Cristo pôde satisfazer a todos os homens de seu tempo. Até hoje só ele é que pôde fazer publicamente este desafio: "Quem de vocês poderá acusar-me de pecado?" Pois bem, apesar de ter feito só o bem a todos, sempre, foi odiado por muitos. Seu fim foi a morte.

Foi ele também que disse, alertando os discípulos: "O que fizeram comigo hão de fazer com vocês". E mais: "Não tenham medo do mal que os homens lhes podem fazer, seja o que for. O que importa é que vocês não sejam maus!"

Teresinha procurou ser fiel aos ensinamentos de Cristo. Sabia que, por mais que fizesse e por mais que se esforçasse, não iria contentar a muitas Irmãs da comunidade. Algumas Irmãs nunca iriam vê-la com bons olhos, e sempre estariam de olhos abertos só para ver os seus defeitos. Mas não lhe importava ser perfeita aos olhos de quem a observava. Importava, sim, ser perfeita aos olhos de Deus, isto é, não fazer absolutamente nada que contrariasse sua santa vontade.

Quando Teresinha já estava na enfermaria, ouviu uma Irmã dizer: "Eu não sei por que falar tanto de Irmã Teresinha; ela não faz nada digno de nota; ninguém a vê praticar a virtude, nem sequer se pode dizer que seja uma boa religiosa".

Já deve fazer também cem anos que esta Irmã morreu. Mas, é provável que ela, antes de morrer, vendo o que aconteceu logo após a morte de Teresinha, tenha dito a si mesma: "Meu Deus, que tolice que fui dizer! Havia em Teresinha uma coisa que a gente só pode ver à luz da fé. Esta luz é que me faltou para poder ver todo o encanto de sua alma!"

Uma outra Irmã que veio de Saigon e que convivera sete anos com Teresinha diz dela coisa diferente: "Nada há que dizer a respeito dela; era muito amável e muito apagada; não se fazia notar por ninguém; eu nunca teria suspeitado a sua santidade".

Paulina, um dia, disse a Teresinha: "É possível que, um dia, seus escritos cheguem às mãos do Papa". Teresinha primeiro riu para depois, séria, dizer: "Eu apenas quero que os homens conheçam quanta é a ternura de Nosso Senhor por todos!"

Está dito que o valor de uma árvore se conhece pelos seus frutos, se bons ou maus. Sem dúvida, é possível verificar que Teresinha não foi vítima de "sonhos febricitantes de uma doente do pulmão". Tudo o que ela escreveu e disse sobre a trilhazinha da confiança e do amor pôde ser verificado logo após sua morte.

Paulina assumira o compromisso de publicar os escritos da irmã. Por isso pôs logo mãos à obra. Em pouco tempo transformou-os num volume de 474 páginas. Assim, um ano depois, em 1898, aparece a *"História de uma alma"* com uma tiragem de dois mil exemplares. Todos os Carmelos receberam um exemplar.

Já em 1899 foi preciso fazer uma nova edição. Em 1900 tinham sido vendidos seis mil exemplares. Nos anos que se seguiram a *"História de uma alma"* já sai com tradução para o inglês, alemão, italiano, espanhol, português, japonês e russo.

Está claro que o sucesso da *"História de uma alma"*, no início, deveu-se ao trabalho das Irmãs do Carmelo, principalmente das irmãs Martin. Mas, a sua rápida divulgação aconteceu de um modo que é de surpreender. A *"História de uma alma"* foi passando de mão em mão. O interesse pela leitura foi-se avolumando. Logo vieram milhares de cartas. Milhares de pedidos. Pedidos de lembranças e relíquias. As romarias e visitas ao túmulo foram-se somando. Chegaram notícias de graças alcançadas, de conversões etc.

As próprias Irmãs não sonhavam tamanho sucesso, nem tão rápido, com a publicação dos escritos de Teresinha. O certo é que de uma fagulha, num instante, fez-se um incêndio.

Tudo isso é triunfo!

Palavra dos Papas

Em 1906 o Pe. Prévost encarrega-se de dar os primeiros passos na causa de beatificação e canonização de Teresinha. O processo foi mais rápido do que se podia esperar. O papa Pio X, antecipando-se ao futuro, chamou Teresinha "a maior santa dos tempos modernos". É ainda Pio X que diz: "Teresinha é um exemplo dos invencíveis poderes de renovação do Corpo Místico de Cristo, da atividade do Espírito Santo cujo poder criador renova a face da terra. Que beleza ver na Igreja este processo de purificação manifestar-se pela primeira vez não na forma de cruel protesto contra os abusos, mas brotando de nascente cristalina da alma de uma criança! Teresinha representa a perfeição do ideal religioso da época, mas, ao cumprir a lei de seu próprio ser, ela a transcende".

Em 1921 o papa Bento XV promulgou o decreto de heroicidade de suas virtudes. Depois seu sucessor, Pio XI, fez dela a "estrela de seu pontificado".

No dia de sua beatificação, 23 de abril de 1923, sua vida foi considerada uma "Palavra de Deus" para o nosso século. Finalmente, no dia 17 de maio de 1925, o papa Pio XI, contrariando as leis canônicas, diante de cinquenta mil pessoas dentro da Basílica de São Pedro e diante de mais de quinhentas mil pessoas reunidas na Praça São Pedro, em Roma, declara Teresinha santa. A cerimônia contou com a presença de 33 cardeais e 250 bispos do mundo inteiro. Dois anos depois o mesmo Pio XI proclama Santa Teresinha "padroeira principal das missões no mundo", pondo-a em pé de igualdade com o grande missionário São Francisco Xavier.

Quando visitou a França, o papa João Paulo II quis visitar também Lisieux. Na ocasião ele não podia deixar de falar de Teresinha. São palavras suas diante de uma multidão de mais de cem mil pessoas: "De Teresinha pode-se dizer com convicção que o Espírito de Deus permitiu ao seu coração revelar diretamente aos homens do nosso tempo o *mistério fundamental*, a realidade fundamental do Evangelho: o fato de termos recebido realmente 'um espírito de filhos adotivos que nos faz exclamar: Abba! Pai!' A trilhazinha é o caminho da 'santa infância'. Neste caminho, há simultaneamente a confirmação e a renovação da mais *fundamental* e mais *universal* verdade. Com efeito, qual a verdade da mensagem evangélica mais fundamental e mais universal do que esta: Deus é nosso Pai e nós, os seus filhos?"

Mas isso não é tudo. A *"História de uma alma"* transformou-se também em semeadura e canteiro de vocações religiosas. No Carmelo de Lisieux não havia mais lugares para os pedidos de ingresso. Outros conventos também se encheram e, até hoje, muitas congregações continuam recebendo, em grande número, jovens cujo desejo de consagrar-se a Deus na vida religiosa nasceu da leitura da *"História de uma alma"*. É bem verdade o que disse o Papa: "Teresinha já não pertence mais à família dos Martin. Ela agora é a 'menina querida de todo o mundo'" (Pio XI).

Mais. Teresinha mostra por sua vida que os problemas afetivos, as neuroses, as hereditariedades catastróficas, as diversas doenças, nada pode separar os homens do amor misericordioso de Deus. Com sua "audácia amorosa", com sua "genial intrepidez", ela expulsou todos os temores. A vida cotidiana comum voltou a ser para todo o mundo o lugar possível da santidade.

Tudo isso é triunfo!

Teólogos e o Vaticano II

Os escritos de Teresinha foram e têm sido objeto de estudos de grandes teólogos. Aí vão os nomes de alguns: André Combes, Molinié, Urs von Balthazar, Congar e outros. Combes diz: "Teresinha é uma das mais grandiosas revoluções que o Espírito Santo desencadeou na evolução da humanidade". Molinié, por sua vez, diz: "Foi preciso esperar por Teresinha para deparar com um movimento de espiritualidade em escala mundial, cuja amplidão se equiparasse exatamente às dimensões do Evangelho". Urs von Balthazar diz: "A teologia das mulheres nunca foi levada a sério nem integrada na corporação. Depois da mensagem de Teresinha seria finalmente preciso pensar nela, na reconstrução atual da dogmática". Congar vê em Teresinha como em Charles de Foucauld "um farol que a mão de Deus acendeu no limiar do século atômico".

Podemos dizer que Teresinha antecipou-se ao Concílio Vaticano II. Sem fazer nenhuma menção dela em seus documentos, o Vaticano II (1962-1965) muito deve às suas intuições proféticas. Quais? A volta ao estudo da Palavra de Deus, a prioridade das virtudes teologais (fé, esperança e caridade) na vida cotidiana dos cristãos, a Igreja vista como Corpo de Cristo, a missão universal, o chamamento à santidade de todos os batizados, o respeito fraterno para com os que creem de modo diverso, ou não creem. Acrescente-se ainda a sua concepção do céu como lugar dinâmico, a comunhão dos santos, a sua pedagogia da caridade fraterna, o seu desejo da comunhão cotidiana, a sua teologia sobre Maria etc. Não é sem justas e fundadas razões que teólogos modernos, muitos, querem que a Igreja a honre com a glória e o título de "doutora". Sem dúvida, ela merece tal honra!

Tudo isso é triunfo!

Os intelectuais

O pensamento de Teresinha foi além de qualquer imaginação. Sem sistematizar sua doutrina, ela encheu de admiração e respeito muitos e grandes filósofos, políticos, escritores, homens públicos e até governantes. Isso não foi coisa apenas de momento. Continua havendo ainda, entre homens sábios e cultos de nossos tempos, muitos que são estudiosos de sua "doutrina", admiradores seus e fervorosos devotos.

Aí vai uma lista de nomes que nos são mais conhecidos: Bergson, Guitton, Moré, Mournier, Thibon (filósofos); Marc Sanguier e Charles Maurras (políticos); Paul Claudel, Henri Ghéon, Georges Bernanos, Lucie Delarue-Mardrus, Joseph Malégue, Edouard Estaunié, Giovanni Papini, René Schwob, Ida Görres, John Wu, Maxence Van der Meersch, Gilbert Cesbron, Julien Green, Maurice Clavel (escritores).

A conclusão a que muitos chegaram foi esta: Teresinha fez a experiência *pessoal* de salvação. Num tempo em que o jansenismo e um moralismo mesquinho causavam danos à Igreja reduzindo a imagem de Deus à de um rígido justiceiro, Teresinha descobriu a beleza do Evangelho pela visão que Deus é o Pai de Jesus Cristo. Podemos chamá-lo, sem medo, de "Pai".

É de uma psicóloga, Ida Görres, autora de uma biografia de Teresinha, que transcrevo: "Teresinha não era um gênio precoce. Era uma jovem provinciana, muito meiga, com todas as qualidades de sua origem. Sua visão do mundo era muito limitada, e seu gosto pobre. Ela era uma típica "alma pequena". *E como tal tornou-se a grande santa cuja luz brilha sobre o mundo.*

Sua "doutrina" não era só sua. Era da sua natureza. A história de sua alma é simultaneamente a representação do seu caminho. Ela foi aquele mensageiro de um Rei poderoso a que alude Santa Brígida referindo-se a si própria. Levava uma carta preciosa para o destinatário. E foi cumulada de favores sem conta pelo monarca agradecido.

Ela não fez "mais" do que lhe era exigido pela Regra e pelo seu estado de carmelita. *Como* ela o fez, esse é que foi o seu segredo. Ela pensou e falou como freira de seu tempo. Mas ela *viveu* a santidade e a transparência da vida humana vulgar. As suas experiências de Deus não se fundamentaram nas visões especiais dos místicos nem na tradição da ordem carmelita. Elas são o produto de tradições caseiras de uma boa família, de piedade simples, cotidiana, alimentada pelo catecismo do pai e da mãe. Foi assim que ela se tornou uma mestra dessa espiritualidade secular tão discutida em nossos tempos".

Tudo isso é triunfo!

Os pobres

Que é que os pobres poderiam dizer de Teresinha? Os pobres são os prediletos de

Jesus. Os primeiros discípulos, ele os buscou no meio dos pobres. Os miraculados, na sua maioria, eram pobres. Uns sofriam no corpo, outros no coração. Em todos Jesus via pobreza e precisão. Sua missão pode resumir-se numa frase: "Eu vim para ser de todos, mas, de preferência, sou dos pobres".

Uma cobrança que Jesus fará de todo o mundo no dia do juízo, sem aceitar desculpa de ninguém, vai ser a do que cada um fez pelos pobres: famintos, sedentos, sem lar, enfermos, nus, prisioneiros...

Quem é que não pode fazer um bem qualquer a um necessitado, mesmo que seja o de dar-lhe um sorriso ou de dizer-lhe uma palavra? Se é verdade que ninguém é tão rico que não precise de Deus, também é verdade que ninguém é tão pobre que não tenha nada para oferecer!

Muito antes de entrar para o convento Teresinha já amava os pobres. Aprendeu isso na família, dos pais e das irmãs. Perto de crianças pobres ela perdia todo o retraimento. Uma vez ficou muito triste porque, ao oferecer a um senhor uma esmola, este a recusou. Pensou que, em vez de ajudá-lo, havia humilhado.

Teresinha dizia que o amor e a pobreza são coisas inseparáveis. São palavras suas: "Se eu fosse rica não poderia ver um pobre com fome sem lhe dar imediatamente alguma coisa. Passa-se o mesmo quando adquiro tesouros espirituais. Quando sinto que há almas em perigo de condenação, dou-lhes tudo o que possuo, e nunca tive um momento em que pudesse dizer: de hoje em diante trabalharei só para mim. Nada fica nas minhas mãos. Tudo o que eu tenho, tudo o que eu ganho, pertence à Igreja e às almas. Mesmo que chegasse aos oitenta anos, continuaria a ser igualmente pobre".

"Teresa amava Aquele que deseja ser amado no mais humilde dos irmãos, com esse amor que vence a fraqueza e as aflições dos homens pela dedicação, e que, com uma obstinação suave, adapta as férteis plantas da bondade e da misericórdia ao mais seco e pedregoso dos solos" (Ida Görres).

Tudo isso é triunfo!

Veneração

A veneração de Sta. Teresinha espalhou-se pelo mundo com a velocidade dos ventos. A *"História de uma alma"* soma hoje 89 edições e já existe publicada em 60 idiomas. Há no mundo 1700 igrejas e paróquias que a têm como padroeira principal (orago). A sua igreja-basílica em Lisieux, belíssima, hoje é um centro de peregrinação para onde acorrem milhares de devotos de todo o mundo. Que falar do número de capelas e altares em sua honra?

O papa Pio XII, em 1944, declarou-a padroeira da França em pé de igualdade com Sta. Joana d'Arc.

Existem até Congregações Religiosas cujos fundadores e fundadoras se inspiraram na sua doutrina e trazem o seu nome.

Já foram escritos centenas de livros sobre Teresinha e são frequentes os cursos dados com o fito de aprofundar e de divulgar a devoção e a espiritualidade da Santa. Um exemplo é o "Centro Teresiano de Espiritualidade", ministrado de um modo admirável pelos freis da Ordem dos Carmelitas, em São Roque, no Estado de São Paulo.

Que falar de inúmeras graças recebidas, sobretudo, de conversões, por intermédio da Santinha com a devoção da "novena das rosas"?

Que falar do número de seus devotos a começar de papas, bispos, sacerdotes e fiéis leigos? Sessenta bispos e duzentos mil peticionários estão pedindo ao Papa João Paulo II que proclame a Santinha de Lisieux "Doutora da Igreja". Praza aos céus que isso aconteça logo!

E saiba-se: Ela não fez nenhum curso universitário! Trata-se mormente da excelência que foi a sua vida! Isto nos lembra as palavras de Jesus nos Evangelhos: "Eu te louvo, Pai, Senhor do céu e da terra, porque ocultaste estas coisas aos sábios e entendidos e as revelaste aos pequeninos" (Mt 11,25).

Tudo isso é triunfo!

A promessa

"Enquanto o anjo de Deus não disser 'o tempo acabou', hei de passar o meu céu fazendo o bem à terra!"

Isto já não é mais triunfo. É amor!

DOUTORA

Em 1926 começou um movimento pro declaração de Teresinha à honra de doutora da Igreja. A partir de 1981 as manifestações se ampliaram. O presidente da Conferência dos Bispos da França, cardeal Etchegaray, pediu à Roma que declarasse Teresinha doutora. A ele se juntaram os carmelitas e outras conferências episcopais e teólogos de todo o mundo. Finalmente, no dia 19 de outubro de 1997, no Vaticano, o Papa João Paulo II a declarou doutora da Igreja.

Três são as condições que se requerem para alguém ser declarado doutor da Igreja: 1) que seja santo canonizado; 2) que tenha contribuído com doutrina eminente; 3) que seja declarado pelo Papa. Por doutrina eminente entenda-se trazer algo que responda a um momento da Igreja, algo que dinamize a Igreja universal, que seja reconhecido como uma contribuição teológica ou espiritual de muita importância.

O Pe. Gaucher diz: "Teresinha descobriu o sentido da Trindade, da Encarnação, o

216

elo entre o Pai e o Filho. Redescobriu a Igreja como lugar de comunhão e de amor onde o Espírito Santo tem um primeiro lugar. Abriu um caminho de santidade para todos, mesmo que sejam simples, desde que tenham confiança em Deus".

Teresinha é a terceira mulher a ser declarada doutora da Igreja. As duas outras são: Catarina de Sena, mística do século XIV e Teresa d'Ávila reformadora do Carmelo, do século XVI.

Teresinha maravilhou o mundo com sua "novidade". Ensinou que Deus não complica a vida de ninguém. São palavras suas: "Apesar de minha pequenez eu gostaria de esclarecer as almas como os profetas e os doutores..."

A Igreja tem 32 santos doutores. Alguns se distinguiram no conhecimento das Escrituras; outros na teologia dogmática e moral; outros na filosofia e ciências naturais e outros na espiritualidade e na mística.

A porção dos escritos de Teresinha é muito modesta. Deixou apenas três manuscritos que são a "História de uma Alma" e um manuscrito em forma de cartas. Escreveu 274 cartas, compôs poesias e peças teatrais de cunho religioso. Deixou ainda textos e palavras que suas irmãs colheram nos últimos meses de sua vida.

Teresinha escreveu sem nenhuma pretensão. Se é verdade que ela pelos escritos fica muito longe dos grandes mestres, também é verdade que muitos autores debruçaram sobre seus escritos e deles tiraram e transmitiram ao mundo ensinamentos de intensa e profunda espiritualidade. São tantos que chegam a formar uma biblioteca!

Não é estranho que o Novo Catecismo da Igreja publicado em 1992 tenha feito seis referências aos escritos de Teresinha quando fala dos Evangelhos, da Igreja, da graça e da oração.

Quanto ao Evangelho cita o que ela diz: "É acima de tudo o Evangelho que me ocupa durante as minhas orações; nele encontro tudo o que é necessário para a minha pobre alma e é nele que descubro sempre novas luzes, sentidos escondidos e misteriosos".

Quanto à Igreja, cita: "Compreendi que a Igreja tinha um corpo, composto de diferentes membros, e que não lhe faltava o membro mais nobre e mais necessário. Compreendi que a Igreja tinha um Coração e que este Coração ardia de amor. Compreendi que só o amor fazia os membros da Igreja agirem, que se o amor viesse a se apagar, os Apóstolos não anunciariam mais o Evangelho, os Mártires se recusariam a derramar seu sangue. Compreendi que o Amor encerrava todas as vocações, que o Amor era tudo. Que ele abraçava todos os tempos e todos os lugares. Em suma, que ele é eterno".

Quanto à graça, cita: "Senhor, após o exílio desta terra, espero ir gozar-vos na Pátria, mas não quero acumular méritos para o céu, quero trabalhar somente por vosso amor. Ao entardecer desta vida, comparecerei diante de vós com as mãos vazias, pois não vos peço que contabilizeis minhas obras. Todas as nossas justiças têm manchas a vossos olhos. Quero, portanto, revestir-me de vossa própria justiça e receber de vosso amor a posse eterna de vós mesmo".

Quanto à oração, cita: "Para mim a oração é um impulso do coração; é um simples olhar lançado ao céu, um grito de reconhecimento e amor no meio da provação ou no meio da alegria".

Numa palavra podemos dizer que Teresinha em sua vida teve por meta o seguinte: "Quero fazer com que, de todas as formas, o Amor seja amado". Na verdade, ela viveu desta convicção: "Deus me fez por amor. Logo não posso viver sem amar". Isto significa: "Se não for para amar não vale à pena viver!"

Bendito seja Deus que na pequena Teresa de Jesus nos deu a grande Doutora do Amor!

HINO A SANTA TERESINHA

Pe. Orlando Gambi, C.Ss.R.

1. A-joe-lha-dos ante o al-tar,
2. Lá dos céus vol-ve teus o-lhos
3. Nas a-ções de ca-da di-a,
4. Deus nos dê, pe-los teus ro-gos,
5. Quando en-fim che-gar a mor-te

1. on-de bri-lhas co-mo a luz,
2. so-bre nós e nos-sa dor;
3. pe-que-ni-nas, sem va-lor...
4. for-ça e luz, gra-ça e ca-lor...
5. pra le-var-nos ao Se-nhor,

1. im-plo-ra-mos tu-as bên-çãos,
2. man-da, em pé-ta-las de ro-sas,
3. a-pren-da-mos teu se-gre-do
4. Que sai-ba-mos, a teu mo-do,
5. que nos-so úl-ti-mo sus-pi-ro

221

Ajoelhados ante o altar,
onde brilhas como a luz,
imploramos tuas bênçãos,
Teresinha de Jesus!

Lá dos céus volve teus olhos
sobre nós e nossa dor;
manda, em pétalas de rosas,
toda a bênção do Senhor!

Nas ações de cada dia,
pequeninas, sem valor...
aprendamos teu segredo
de fazê-las por amor!

Deus nos dê, pelos teus rogos,
força e luz, graça e calor...
Que saibamos, a teu modo,
ofertar-lhe nosso amor!

Quando enfim chegar a morte
pra levar-nos ao Senhor,
que nosso último suspiro
seja um cântico de amor!

ÍNDICE

APRESENTAÇÃO 5

A DECISÃO 11

DIFICULDADES 15
O tio Isidoro 16
Maria e Paulina 17
O superior do
    Carmelo 20
Dom Hugorin 20
Com o Papa 23

A FAMÍLIA 31
O pai 31
A mãe 34
O casamento 38
As irmãs 40

O NASCIMENTO 41
Ama de leite 42
Criança feliz 44
Morte da mãe 48
Em Lisieux 50

O COLÉGIO 55
Vai-se a Paulina 57
O sorriso da Virgem ... 60
Primeira Eucaristia 62
Agora é Maria
    que vai 65
A conversão 67
A outra Teresa 69
Sede de almas 71
Pranzini, o primeiro 72

O CARMELO 75
O Carmelo de
    Lisieux 78
Depois de Roma 81
Alegria e decepção 83

AS PORTAS SE
    ABREM 87
A postulante 89
Libertação 91
Caminhando 95
O hábito 101

A NOVIÇA 107
Carmelita 107
O que importa
    aprender 109
Os votos 114
Sem beleza nem
    brilho 118

IMOLAÇÃO 123
O deserto 123
As fontes 128
Missão 135
Um retiro
    diferente 139
Até o Pe.
    Delatroette 143
A última visita 145

A PRIORA
    PAULINA 149
No tempo de
    Paulina 151
Morre o "pai" 155
Entrada de Celina 157

O CAMINHO 161
Fazer-se pequeno 165

O livro de sua vida ... 168
Viver de amor 172
Faz parte de minha
    vida 175

A NOITE 179
O primeiro sinal 182
Um raio de luz 185

O FIM 189
Últimas lembranças .. 195
Última canção 199

A GLÓRIA 201
O triunfo 202
Palavra dos Papas 205
Teólogos e o
    Vaticano II 208
Os intelectuais 209
Os pobres 211
Veneração 213
A promessa 215

DOUTORA 216

HINO A SANTA
    TERESINHA 220